《論語》的邏輯

目錄

請孔子解讀《論語》
[引　言]　　3

當生命邂逅生活
[第一章]　　7

道‧政治的方向
[第二章]　　19

禮，就是理
[第三章]　　33

覺知與超越
[第四章]　　45

選擇與承擔
[第五章]　　57

向上生長‧向下扎根
[第六章]　　71

繼往開來
[第七章]　　85

遠宗其道
[第八章]　　99

主觀與客觀
[第九章]　　111

日常
[第十章]　　125

仰望與追隨
[第十一章]　　143

深入的精神追求
[第十二章]　　157

引言

請孔子解讀《論語》

　　有一份報紙，在介紹我們的相關研究時，用了「讓孔子解讀《論語》」這樣的標題，我們覺得很有創意，對我們研究《論語》的特點也具概括性。

　　看到這個題目，可能有人會問：《論語》裡面本來就都是孔子在說，其中記載的主要就是孔子及其弟子的言論，怎麼還讓孔子去解讀？

　　問題的關鍵正在這裡！《論語》是研究孔子的基本內容，甚至是中國文化最重要的典籍。《論語》成書以來，歷代研究者不計其數，近年來出版品更數不勝數。可是，為什麼人們仍有那麼多分歧的看法呢？

　　這部共分為 20 篇、15,000 餘字的著作非常特殊，因為它就像不同片段的擷取。表面上看來，各篇章前後似乎沒有相關，有不少的言論沒有明確、具體的背景環境，因此出現「仁者見仁、智者見智」的情況便很正常了。

　　但《論語》的章句不會只有模糊地去表達一種意像，也不會像賦詩言志那樣可以斷章取義、詩無達詁。在《論語》中，不管是孔子還是孔子弟子以及「時人」，他們的言論、行為、事蹟，總在表達「一定的意義」，也就是說，《論語》的編者一定想用這些內容表達些什麼。

　　一個人用心解說、開發一部典籍，一定包含著這個人的理解；一個人傾力編纂、編輯一部著作，一定包含了這個人的思想傾向。就像《易傳》的思想既屬於《周易》，同時也屬於孔子那樣，《論語》的內容也不僅僅屬於孔子一人，它一定也體現了《論語》編者們的「想法」，表現了他們對孔子的理解。

　　那麼，《論語》為何而編？誰是《論語》的編者？這兩個密切相連的問題，直接關係到對《論語》的準確認識。

　　我們都曉得，孔子長期從事教育事業，他的講授以「六經」為主，他的思想自然也體現在「六經」的講讀和論述中。孔子去世後，弟子們因為個性和關注點的差異，在理解孔子思想時就有不同的思維，以至於出現了「各是其是」、

「儒分為八」的情形。

孔子當時授學時，弟子「各有所記」。他晚年講授時，還專門有年齡較小的弟子輪流筆錄，留下了大量的孔子遺說。孔子從事教育，方法和目標十分明確，這就是《孔子家語》所記載的：「先之以《詩》、《書》，而道之以孝悌，說之以仁義，觀之以禮樂，然後成之以文德。」如何成就「文德」恐怕是孔子思想的核心問題。當孔門內部分歧出現時，以孔子「零散的言論」表達他「系統的思想」便是重中之重。

最後完成這項工作的，是孔子的裔孫子思。以往，人們對子思了解不多，透過許多史料，現在可以清楚地知道，在孔子逝世以後，子思的造詣越來越高，影響越來越大。隨著孔子弟子的相繼辭世，子思承擔了匯聚、整理、選編孔子遺教的使命。為此，他做了大量的工作。我們今天看到的《論語》、《孔子家語》，其最初的編纂，可能都與子思有直接關係。

認定子思最終編訂了《論語》，當然有一個縝密論證的過程。不難理解，既然人們傳述孔子學說時出現了分歧，就要求有能力、有資格的人述正言、正視聽，而子思的能力與身份，使他擔起了這一使命。在儒家之「道」被割裂分散，不少人「各以巧意而為枝葉」的情況下，子思希望人們能把握孔子學說的真諦。但也由於孔子裔孫的身份，他受到一些誤解與質疑。

不過，子思很有責任感、使命感，他希望能「不失其意」地傳述「夫子本旨」，將「典雅正實」的孔子言論留給後人。於是，子思開始了孔子遺說的收集與整理，並從眾多的孔子遺說中進行「選取」。

首先，《論語》書名中的「論」，就是「選取」。在關於《論語》成書問題的說法中，《漢書‧藝文志》的說法比較普遍，它說《論語》是孔子門生在孔子去世後「相與輯而論纂」而成。唐人顏師古注說：「輯與集同，纂與撰同。」「輯而論纂」就是「集撰」或者「撰集」。至於如何「撰集」，時間更早的孔安國明確說是「選取」。

孔安國是孔子第十二代孫，也是漢武帝時期的著名學者，現存的《孔子家

語》就是由他編撰而成。他曾談到《孔子家語》與《論語》的關係，說《孔子家語》的內容出於孔子弟子的記錄，其時代與《論語》、《孝經》一樣。人們在孔子遺說中「取其正實而切事者」，萃取為《論語》，其餘則匯集到一起，就是《孔子家語》。這裡的「取」，就是選取、挑選的意思。

學術界有一種看法很有道理：「論語」的「論」有選擇的意思。清朱駿聲《說文通訓定聲·屯部》說：「論，假借為掄。」《國語·齊語》曰：「權節其用，論比其材。」韋昭注：「論，擇也。」《荀子·王霸》曰：「君者，論一相，陳一法，明一指，以兼覆之，兼炤之，以觀其盛者也。」楊倞注：「論，選擇也。」至於「語」，《說文解字》說：「語，論也。」《廣雅》說：「語，言也。」這樣，所謂「論語」，就是「選取出來的論述」、「挑選出來的言論」。

值得注意的是，孔安國說《論語》突出的特點是「正實而切事」。所謂「正實」，就是真實可靠，這不僅說明《論語》與孔子的關係，也說明與作為《論語》編訂者的子思有關。在子思最早的著作中，有一部分就專門記錄孔子言論。據《孔叢子·公儀》記載，子思曾對魯穆公說，自己記錄的孔子言論「或親聞之者，有聞之於人者」，《論語》的「正實」，其可靠性自不在話下。

相較之下，《論語》「切事」的特點更加重要，這也與子思的纂輯有關。他要展現孔子的思想學說與體系，並在眾多的內容中選擇孔子遺言，那麼，他就一定會考慮哪些更具有教化社會人心的作用，哪些更符合孔子心中所想。只要簡單思考，也能想到子思不會將選取出來的內容隨意堆砌，他對內容的選擇，對內容的「取」，也許同時就意味著按照一定的邏輯進行編排。

《論語》中的孔子言論來自孔子。經過選擇、編排，這些言論比較簡略，又缺少了具體語境，增加了理解的難度。於是，面對這些真實而簡潔的語錄，面對一條又一條的「善言嘉語」，我們往往必須先有一個提問：我們的理解對嗎？我們要怎樣才能更加接近孔子那顆偉大的心靈？

終於，從對《論語》首篇首章的認識，我們發現《論語》編排的「秘密」。我們認為，要讀懂《論語》，最關鍵的就是這句話。作為全書的開篇，「學而時習之」的「學」究竟是什麼意思，其實關係到整部《論語》乃至孔子思想的

準確把握。從孔子之學、孔子的追求以及孔子對待「人不知」的境遇等方面，完全可以印證「學」與「道」相近，應該作為名詞來理解，指的是「思想主張」。首篇首章的幾個分句連貫一致，與孔子的人生主題相應，是他一生追求的真實寫照。

在這裡，我們發現的「秘密」則是「以孔子解《論語》」，這就像經典研究中「以經解經」的方法。孔子及其後學的言論事蹟很多，只要將這些通觀，用其它典籍中的孔子學說解讀《論語》，就能把握其中孔子的本意。如「學而時習之」的「學」，其實就是他追求的「道術」，「志於道」與「志於學」一樣。只要品味《禮記・學記》「安其學而親其師，樂其友而信其道」和《孔子家語・子路初見》「王事若龍，學焉得習，是學不得明也」，將其與「學而時習之」及傳統的「大學之道」合觀參驗，就會更準確地理解孔子之「學」的意義。

總之，我們所謂的「請孔子解讀《論語》」，一言以蔽之，不過就是這個「合觀參驗」而已。只要這樣做，就不會僅按個人的邏輯去縱橫馳騁，更不會遠離《論語》本身的邏輯而自以為是。比如，有的人認為孔子不應以「君子」自詡，否則就違背了「謙虛的美德」。其實，《孔子家語・在厄》篇裡孔子說過「君子博學深謀不遇時者眾矣，何獨丘哉」，只要看看這裡的記載，也不至於出現這樣的簡單失誤。

清代人曾經考訂《論語》有「竄亂」、有「續附」，各篇「各不相謀」，不是出於一人之手，現在抱持這種看法的人也不在少數，但都缺乏有力證據。當我們借助新的出土文獻，「啟動」孔子的那些言論，回頭細細審視《論語》的記載時，會發現《論語》的內在邏輯十分清晰。

《論語》首篇總論「修身做人」這一中心，以下各篇分別談「為政以德」、「守禮明禮」、「擇仁處仁」等，層層依次展開。《論語》本身就是完整的生命體，它首尾呼應，篇章之間血脈相連，章節之間大小相成，既散落成珠，又渾然成一體。時隔千載，傾心聆聽，它們心脈的跳動仍張弛有度，吐納的氣韻仍靜定安詳。只有看清其中的邏輯關聯，才能準確理解章句旨意！

第一章

當生命邂逅生活

《學而》　　　　　　　　　　第一

當人們走向生活，開始人生的腳步時，許多人卻往往困惑起來。於是，有人就捫心自問：我來到這個世界有怎樣的意義？我應該如何度過一生？

毫無疑問，每個人都會有自己的夢想，理應有個人的追求。

我們的先祖告誡說：人的夢想就像一顆種子，沒有種子，有再多的努力也是枉然，也不會生根發芽、枝繁葉茂、碩果纍纍……所以，我們必須有自己人生的支點，思考怎樣度過自己的一生。

愛因斯坦也遇到過同樣的問題。1950 年，愛因斯坦收到一位 19 歲大學生寫來的長信，學生在信中說：「先生，我的問題是人活在世界上到底為的是什麼？」他排除了諸如賺錢發財、博取功名或助人為樂之類的答案，認為人活著「什麼目的也沒有」。但是他說，一個人活著就應該捫心自問，我們到底應該怎樣度過一生……。愛因斯坦說，在我看來，問題的答案應該是：「在力所能及的範圍內儘量滿足所有人的慾望和需要，建立人與人之間和諧美好的關係。」這就需要大量的自覺思考和自我教育。不容否認，在這個非常重要的領域裡，開明的古代希臘人和古代東方的聖賢們，所取得的成就遠遠超過現今的學校。

打開《論語》，開篇便是孔子的話：「學而時習之，不亦說乎！有朋自遠方來，不亦樂乎！人不知而不慍，不亦君子乎！」《論語》的生命由此而始。

愛因斯坦所說：「在力所能及的範圍內儘量滿足所有人的慾望和需要」，恐怕就是傳統的道德、德行、美德了。

那麼，「德」是什麼？《樂記》云：

> 德者，得也。

美德之「德」，就是得到的「得」。在我們的先祖看來，有美德自然就會有所得。得到什麼？《素書》云：

> 使萬物各得其所欲。

萬物若是如希望的那樣「各得其所欲」，則需要各盡其所能、各居其所居、各知其所止。《大學》云：

> 為人君，止於仁；為人臣，止於敬；為人子，止於孝；為人父，止於慈；與國人交，止於信。

這是在強調君臣父子各司其職，各自盡到本分，知其所止。這一切，恰恰是建立和諧美好人際關係的重要條件。

當面對人生意義之類的問題時，愛因斯坦很關注「古代東方聖賢」的思想，對我們也很有啟發。翻開《論語》這部作為「四書之首」的經典時，首先得到的便是當生命邂逅生活，要如何樹立信念、堅守理想、實現價值的人生啟示。

《論語》的密碼

要正確理解《論語》，必須解開《論語》的「密碼」、揭開《論語》的「秘密」。那麼，《論語》的「密碼」是什麼？

翻開《論語》，首先映入眼簾的便是「學而時習之……」，對於《論語》開篇的這句話，人們再熟悉不過了。傳統上認為本章是講對待學習、交友和他人能否理解自己的態度，從字面上看好像也的確如此：

> 學而時習之，不亦說乎？

這裡的「習」，無論是理解為「複習」，還是「慣用」，都是在講對於「學」所應該持有的基本態度。

> 有朋自遠方來，不亦樂乎？

這句話更是千古流傳，《詩》云：

「呦呦鹿鳴，食野之蘋。我有嘉賓，鼓瑟吹笙……我有旨酒，以燕樂嘉賓之心」。濃郁的、誠摯的、熱烈的歡迎之情盡在其中。

人不知而不慍，不亦君子乎？

不被人理解，自己也不怨憤惱怒，不也是有修養的君子嗎？在講對待他人對自己認知的態度。

但是，為何將這三個部分的內容放在《論語》的首篇首章，他們之間是有怎樣的關聯？背後有何深意？正確理解該章，是正確認識《論語》全書乃至孔子生平思想的關鍵。

要知道，《論語》出於孔子弟子後學的選編。無論如何，他們都不會將相關的內容加以隨意安排。關於《論語》的編排有沒有一定的順序，歷史上有不同看法。直到今天，這樣的分歧依然存在。可是，整部《論語》理解上的秘密可能正在這一章中。要正確分析《論語》，必須解開《論語》的「密碼」，從而把握本書的整體結構，理解《論語》要表現的「真實的孔子」。

《論語》既然是表達孔子思想的重要書籍，一開頭的篇章一定與孔子的人生主題相呼應。孔子一生多奔波於道路之上，但他不是乘著高鐵帶著信用卡去旅行。他顛沛流離、奔走吶喊，他在實行他心中的「道」。他心繫天下蒼生，希望百姓安泰，有著實現天下大同的政治抱負，熱切地期盼實現自己的主張，一生的理想與信念盡在其中。

如果這樣的理想和抱負可以實現，子曰：「學而時習之，不亦說乎！」孔子說自己將從心底洋溢喜悅。如果說喜悅也可以分出層次，這將是最大的喜悅。人生最大的意義莫過於將理想變為現實，誰人不渴望夢想成真？在西方，美國心理學家馬斯洛提出需求層次理論，他將人的需求分成五個層次，由低到高分別是：（1）生理需求（2）安全需求（3）社交需求（4）尊重需求（5）自我實現需求。人的最高追求，就是自我實現。這樣看來古今中外，人同此心，心同此理。

面對希望：學而時習之，不亦說乎！

事實上，在孔子的一生中，的確有著這樣的一段「好時光」。《孔子家語》的首篇——《相魯》，詳細記載了孔子出任中都宰、大司空、大司寇等「學而時習之」的情況。

孔子初仕，為中都宰。初仕，也就是剛做官。中都，是今天山東汶上縣的一個小鎮。中都宰，這個官職，放到今天，相當於一個小鄉鎮上的鎮長。當然，他所治理的人數恐怕還不及今天的一個小鎮。

就是在這麼一個小鎮裡，孔子實現著他的理想。主線就是制訂了「養生送死之節」。看一看孔子的政績，並沒什麼大動作，就是生有所養、壯有所用、老有所葬……等一些最基本的事。仔細想想，或許這才是孔子為政的可貴之處。老百姓並不那麼關心哪顆衛星上了天，也不太關心嫦娥號到底何時從月宮再回地球，或者哪個國家換了總統。那老百姓關心什麼？老百姓關心衣食住行，關心生有所養，關心壯有所用，還關心老有所終。所以，民生才是最重要的事，民生永遠都是最重要的事。

這樣的做法，實行一年之後，那個小鎮是「路不拾遺，夜不閉戶」，各國諸侯紛至沓來，前來學習。這之後的第二年，孔子出任魯國司空，這是負責土地管理和工程建設的職位。出任此職，孔子的做法是：「別五土之性，而物各得其所生之宜。」實際的做法是利用不同的土質，種植不同的莊稼。例如在丘陵之上種茶葉；在潮濕的土地中種水稻；在一望無垠的平原之上種小麥、玉米，平原是糧食作物的最佳產地，小麥、玉米長在這裡都歡喜得不得了。這一切對應到今天，就是科學發展觀、是生態文明觀。

孔子治政，做到生有所養、壯有所用、老有所葬——他都有自己的做法，有教人的方式，有修身的方法。

這個「策略」是怎樣得來的？《學而》篇裡說的應該就是關鍵原因了：

君子務本，本立而道生。孝弟也者，其為仁之本與？

吾日三省吾身。為人謀而不忠乎？與朋友交而不信乎？傳不習乎？

道千乘之國，敬事而信，節用而愛人，使民以時。

弟子入則孝，出則弟，謹而信，汎愛眾，而親仁，行有餘力，則以學文。

禮之用，和為貴。先王之道，斯為美。小大由之，有所不行。

信近於義，言可複也；恭近於禮，遠恥辱也；

君子食無求飽，居無求安，敏於事而慎於言，就有道而正焉。

……

孔子教人修身、做人、治國，一言以蔽之，不過「提升素養」而已。

這個階段，孔子可謂平步青雲，接著由司空被任命為魯國的大司寇，也就是魯國的司法部長，相當於今天的大法官。作為一名大法官，他的職責理應是公平公正地判案，但是孔子不這樣認為。在孔子看來，如果有人來找他打官司，實在是因為沒有其他的好辦法。只不過是問問東，問問西；問問你，問問他，然後做出一個判斷。孔子的理想是「必也使無訟乎」！他希望天底下都沒有人需要打官司。

為什麼呢？如果老百姓沒有官司可打，就說明百姓們對於所處的生活狀態，認為是公正的、可以接受的、無怨的，這其實是政治的最高境界。相反地，如果一個國家，一個地方，老百姓打官司常排不上隊，監獄裡住滿了人，甚至住不夠還要擴建，實在是政治最大的悲哀。

面對失望：有朋自遠方來，不亦樂乎！

能夠實現自己的理想，自然是最大的喜悅，且這種喜悅自心底洋溢。但是，若故事就是這樣平順地發展下去，在歷史上恐怕就只是多了一個富有才能的政治家，之後會不會有「大成至聖先師」、「萬世師表」、「歷代帝王師」、若是「天不生仲尼」，就會「萬古長如夜」的孔夫子呢？恐怕要打一個大問號。所以，每一個偉大的人物，總是要歷經一些不平凡，這些不平凡在很多情況下就意味著曲折。

當孔子希望進一步施展抱負時，就觸動了當時魯國貴族的利益，這意味著孔子的政治生涯基本上就劃上了句號。

既然魯國不能實現孔子的政治理想，那麼面對理想、面對追求，該如何做？孔子的選擇是不捨不棄。他說：

有朋自遠方來，不亦樂乎！

有朋，就是朋友。同門為朋，同志為友。

天下如此之大，可有志同道合之人？請問天下哪個國君肯用我，我助他一起回到堯、舜、禹那個治世的時期。若是天下果然有這樣的賢君，我可以和他一起去實現天下大同的夢想。若果然有這樣的明君，無論是他前來相邀，還是自己主動前往，沒有分別，同樣歡喜！

於是，孔子開始周遊列國，風塵僕僕，本質上他是在尋找志同道合之人。

面對絕望：人不知而不慍，不亦君子乎！

然而，十四年的周遊列國帶給孔子更多的是失望，甚至絕望。他發現一個問題：烏鴉的毛不是染了顏色才變黑的。無道，豈止是一國之無道、一君之無道。孔子生活的年代，周天子已經失去了號令天下的權威，諸侯混戰，大國欺負小國，小國人人自危，誰還能聽得進仁愛、忠信的思想？面對現實，已經一退再退，由希望到失望，再到絕望。這時對於自己的理想、信念、學說、所奉行的「道」該如何做？孔子有他的堅守，有他的選擇。

孔子周遊列國的過程中發生了許多故事，其中「陳蔡絕糧」是非常典型的一個：孔子師徒在前往楚國的路途中，經過陳、蔡兩國之間時，被圍困在雪山之上。電影《孔子》中關於這段的場景是：大雪封山，北風狂吹，已斷糧多日，無法聯繫外界，連野菜湯也吃不到。隨從病的病、傷的傷，無精打采，心神不定，焦躁不安。

身處困境中，人都要活不下去了，孔子在做什麼？他愈加慷慨講誦，弦歌不衰。按照常理來講，為何孔子不去想辦法走出困境？都這種情況了，還講什麼課、彈什麼琴啊？！好像他一點也不著急。其實，這就是孔子的心智的不凡之處。他慷慨講誦，弦歌不衰，源於內心的寧靜。

愈是在困境中，內心的寧靜，愈是面對困難的最佳狀態。寧靜源於對信念的堅定，如如不動，自然寧靜。《大學》云：

知止而後有定，定而後能靜。

相反，心神不寧，坐立不安，慌亂與焦燥非但不能解決問題，極可能添亂，亂上加錯，由一個困境走向更大的困境。如同在一個塵土飛揚的房間中，若是希望塵埃消失，唯一的做法就是冷靜，唯一的方法就是等，等它塵埃落定。若是揮舞著雙臂，企圖戰勝塵埃，將適得其反。愈是用力，塵土愈是活躍，局面

就愈是混亂。

在困境中，孔子平靜地彈一首曲子，他還要好好給學生們上一堂課，一堂具有非凡意義的課。這堂課的內容不是源於他常常講起的《詩》《書》《禮》《樂》《易》《春秋》，卻實實在在是這「六經」的精華，是關於實踐的理論，關於生命的學問，是如何看待困境，如何面對困境。

「不是犀牛，也不是老虎，為何這樣困頓地遊落在荒郊野嶺？我們的學問，所信奉的道，難道有不對的地方嗎？為何淪落到這個地步？」這個問題，孔子先問子路。

一聽這話，子路就來氣，您問我，我還想問您呢！子路生氣是有他的道理。老師天天說帶著我們行道，要救天下的百姓於水深火熱之中，事實卻是，連自己都救不了。他面帶慍色回答孔子的問題。按理說，君子應該無所困頓，好人應該有好報。難道是老師您還不夠仁德，人們因而不相信我們？再說，我以前可是聽您講過：

> 為善者，天報之以福，為不善者，天報之以禍。（《孔子家語・在厄第二十》）

我們積德懷義，一直以來都是這樣，可為什麼淪落到這種窮困的境地呢？聽聽子路的話，的確有道理。既然是「善有善報，惡有惡報」，沒有得到善報，可能是自己做得還不夠好？但是孔子不這樣認為，他說：

> 夫遇不遇者，時也；賢不肖者，才也。君子博學深謀而不遇時者眾矣，何獨丘哉！

能不能遇到賢明的君王、能否遇到好機遇，是由時勢所決定；是否懷有才能，則在於個人的品質。一名君子學識淵博，謀略深遠，但沒有碰上好時機的有很多，不只我孔丘一人呢！孔子舉了比干的例子，他說，你以為有才智的人就必定被任用嗎？如果是這樣，王叔比干就不用把心剖出來給紂王看了。

比干，商紂王的皇叔。正是因為比干是商紂王的皇叔，他與一般臣子相比，和商紂王的感情是不一樣的。他當然不希望祖上的基業毀於一旦，毀在商紂王

的手中。所以，比干可以把自己的心挖出來給人看，看看這是不是一顆紅心，是不是一顆忠心。但是，即便是比干把心挖出來給商紂王看，有沒有改變商紂王的昏庸？有沒有阻止商朝的滅亡？事實是沒有啊。

那麼，我們要進一步追問，既然很多問題不是透過自己的努力就可以改變，那還要不要繼續努力呢？明白「很多問題不是透過自己的努力就可以改變」，不是要我們不努力，而是正確地面對努力，理性地面對努力之後的結果。可能是成功，也可能是不成功。需要坦然地面對，安然地接受現實。這樣，才有力量繼續走下去。而不是因為受挫，就滿腹牢騷，好像全世界都欠了自己，更不是要我們就此停下。若是如此，那就真的是白白地受了苦、遭了困，說明還沒有真正明白困境的意義和價值。

想一想，對於我們的生命來講，沒有為難，怎會有真正的成熟與成長呢？沒有委屈，怎麼能有所擔當呢？真正的成長，就是面對困境和為難，而真正的擔當，恰恰是指對委屈的擔當。

　　　　子曰：芝蘭生於深林，不以無人而不芳，君子修道立德，不為窮困而改節。

芝蘭花生於深林之中，你知道她為誰而開放，因何而芬芳嗎？開花就是蘭花的本分，有人欣賞，她綻放，無人欣賞，她同樣芬芳。做人、做事都有本分，對於君子來講，修道立德就是本分，自然也不會因為遇到困難而改變氣節，更不會改變自己的信念與執守。所以，「芝蘭生於深林，不以無人而不芳，君子修道立德，不為窮困而改節」，與「人不知而不慍，不亦君子乎」，可以互為作注。

《論語》在它生命的開始，帶給我們的啟發，即為當生命邂逅生活該何為？孔子的選擇是：面對希望，「學而時習之，不亦說乎！」；面對失望，「有朋自遠方來，不亦樂乎！」；面對絕望，「人不知而不慍，不亦君子乎！」

無論是自我價值的最高實現，得到全社會的普遍接受，還是退一步，得到志同道合者的認同，還是再退一步的堅守與執著，人生都可以無處不自在。也

只有做到理性地面對絕望，安然地面對失望，才可悠然地面對希望。不至於絕望時頹廢，得意時忘形。

有人則不同，若是一絕望，就怨天怨地怨政府，怨完命苦怨父母，再也沒有了振作的勇氣與信心。有人是一得意就忘了自己是誰。其實，無論是絕望，還是得意，說到底都是生活對於生命的試金石，只有真金才不怕火煉。

整部《論語》也就由本章開始。如朱熹所言，這是入道之門、智慧之門。

《論語》在呼吸

面對生活的狀態，每個生命都應該有理性的認知。就在《論語》的末章末節，孔子曰：

> 不知命，無以為君子也。不知禮，無以立也。不知言，無以知人也。

知命，天地生君子，君子治天地，這是一份使命，一份擔當。在孔子周遊列國的過程中，遇到很多困難，例如在匡地被匡人所困時，孔子曰：

> 文王既沒，文不在茲乎？天之將喪斯文也，後死者不得與於斯文也；天之未喪斯文也，匡人其如予何？

周文王已經不在了，這關乎人文，化民成俗的職責難道不在「我」的肩上？既然這是一份天命，再難，即使是「顛沛必於是，流離必於是」，也要力求「學而時習之」。知命，不是失意人生的最後慰藉，而是對於客觀真理的清晰洞達。客觀真理就是存在，就是自然萬物，也是人事百態，一個完整的關於生命與生活的世界。在這個世界中，動容周旋皆自在的唯一法則就是要知「禮」。

禮，是天地之序，各安其位、各盡其職。在安好的前提下，休養生息，做人做事，成人成事。懂得這個道理，禮就不是約束，而是一份更加寬廣的從容。

《論語》小學堂

子曰：「君子食無求飽，居無求安，敏於事而慎於言，就有道而正焉，可謂好學也已。」──《學而》

＊生活與學習都很重要，我們要清楚不同時期、不同階段的目標和重心。

第二章

道，政治的方向

《為政》　　　　　　　　　　　　　第二

《論語》的首篇《學而》，告訴我們當生命邂逅生活的法則與做法。儘管生命是短暫的，但人活一世，草木一秋，仍然應該有所完成，才不枉做一回人。當人生有了理想與追求，並為此而執守，不捨不棄，生命便富有了質感。

人生需要知行合一，需要內化於心、外化於行。要做人、做事、行動，這就是廣義的「為政」了。繼《學而》之後，《論語》接著談《為政》。

道在最前方帶路

然而，當我們仔細閱讀《為政》這一篇，孔子是不是在泛泛地講應該如何做人做事呢？事實上不是如此。

在整個社會運行體系中，為了更有效率地為政，更有品質地做事，還可以再聚焦、再具體。將聚光燈敏銳地照射到社會的決策系統、管理系統，可以名曰：「政治」。當然還可以再聚焦、再具體，就是「為政者」，就是「領導者」。這其中的道理不言而喻：火車跑得快，全靠車頭帶。

《為政》的開篇，子曰：

> 為政以德，譬如北辰，居其所而眾星共之。

這一章開篇點題，講明為政，也就是管理與領導的方針、方法，宣示了為政的最高境界。

在我國古代聖賢的思想體系中，價值觀與方法論、理念與道路往往是同步的概念，他們在齊步走。這種思維方式，也成為《論語》的邏輯。

是不是如此呢？我們還是要認真品思孔子的話。

如何為政？「以德」來為政，既是為政的價值觀、是方法論、是最高原則，更是具體的通行道路。為政以德的本質，在於為政者本身要有德，為政者本人要有魅力，有魅力才有吸引力。如《論語·子路》孔子所說：

> 其身正，不令而行，其身不正，雖令不從。

在修己的基礎之上，安人、安百姓。進而，各個機構、各個群眾，各安其位、各司其職，實現政治的目的。這樣做的結果，為政者就如同天上的北極星燦然居中，受群星環繞。

然而，這樣的期望是不是有理想主義的成分？這是真正的為政之大道，還是孔子一廂情願的「人文幻想」，幻想出一個「烏托邦」？這其中的道理值得深思，是什麼使孔子講出了這樣的「大道理」？

這需要向源頭追溯。《皋陶謨》是《尚書‧虞夏書》中的一篇，記載著舜與大禹、皋陶的談話。翻看《皋陶謨》，會發現該篇與儒家主張之間的關聯性，也有人解讀《皋陶謨》後，將皋陶的思想看作儒學的源頭。

孔子談論《皋陶謨》，一曰可以觀治，一曰可以觀政。意思完全一致，在表述孔子心中的理想政治。讀《帝典》，孔子說他「見堯舜之聖焉」。堯、舜，皆為聖明君主的形象。於《皋陶謨》，孔子認為他見「禹、稷、皋陶之忠勤功勳焉」。禹、稷、皋陶是舜的左膀右臂。這些人，就是孔子心中理想的為政者的形象。君王聖明、仁愛，臣子與下屬忠誠、勤懇，建功。

為政以德，除了要求為政者本人要有德之外，還要求為政者會用德。何為用德？也就是具備對德行進行認知和辨別的能力。按照德的要求、德的標準，對人才選取、任命、使用。

關於衡量德性的標準，皋陶談到九德，他認為真正的美德應該是：

> 寬而栗，柔而立，愿而恭，亂而敬，擾而毅，直而溫，簡而廉，剛而塞，強而義。

這「九德」的要求兩兩相對，中正不倚。寬厚而又威嚴，和柔而能立事，隨和而又莊重，具有才能而又誠敬，善於聽取別人意見而又剛毅果斷，行為正直而又態度溫和，處世通達而不失原則，剛正不阿而又腳踏實地，堅強勇敢而又符合道義。

但是，常人的本性是有其一，難有其二。寬厚之人，難有威嚴；柔和之人，很容易成為牆邊草，難以立事；有點小小才能，就容易狂妄自大，難虔誠恭敬……。我們的文化歷來講求「一陰一陽之謂道」，陰陽相對組成一個整體，但凡只占其一，就僅僅是有一半的德行、一半的智慧，難免有所偏頗。兩兩相對，才可以組成一個整體。那麼，另外一半的德行，就是學習與修養的結果，缺什麼就補什麼。

然而，需要注意的是，皋陶所談到的「九德」，本質在談人心與人性，是人先天的性格、心理、行為特點，與「仁、義、禮、智、信」等道德範疇意義不同。他們之間有怎樣的關聯呢？

其實，無論做任何事情，都需要一個正確的方向。這個正確的方向，就姑且稱它為「道」。「道」，就好像是海上的明燈、航線中的雷達，在最前方帶路。政治治理同樣如此。既然「道」是方向，若是我們進一步追問，是什麼在指引「道」？「道」如此重要，什麼是「道」的起源，「道」又在何處？

孔子曰：

> 道不遠人。（《中庸》）

他又說：

> 人能弘道，非道弘人。（《論語・衛靈公》）

原來，人的天然本性、內在心性，是「道」的源頭。「仁、義、禮、智、信」等道德範疇，更多的是透過後天的示範與指導、學習與教化來實現。一個人的品格是在先天與後天、本性與環境的互動之中成長與成就的。

到這裡，我們可以來讀一讀老子的話：

> 失道而後德，失德而後仁，失仁而後義，失義而後禮。夫禮者，忠信之薄而亂之首。（《道德經》第 38 章）

失去了大道之源，只好強調德性的重要。失去了內在的德性，只好強調仁愛之心。失去了仁愛之心，只好論及正義法則。失去了正義法則，只好用禮來

規範。強調禮來規範，足以見得忠信極為淡薄，而禍亂也常常由此而起。

有人認為老子和孔子在唱對臺戲，孔子處處宣導「仁、義、禮」，老子卻稱禮為忠信極為淡薄的產物，是禍亂的罪魁禍首。他們果然是在唱對臺戲嗎？老子在表達什麼？他不欣賞失「道」而後的「仁、義、禮」，這是為何？這其中的深意值得我們討論。

在老子看來：

> 天下皆知美之為美，斯惡已。皆知善之為善，斯不善已。（《道德經》第 2 章）

這是因為，當一件事物產生的時候，它的對立面會同時產生，即便是美德，也是如此。所以，老子說當世上的人都知道什麼叫美的時候，醜就產生了；世上的人都知道什麼是善的時候，惡就產生了。就好比是藥，縱然它可以治病，但再好的藥也會有副作用。

老子不贊成失去大道之後，背離了自然本性，人為地對人進行示範與約束。更怕有些為政者、領導者們「身不用禮而望禮於人，身不用德而望德於人」（《孔子家語‧顏回》）。自己無禮，希望他人有禮；自身無德，要求他人有德，的確是禍亂的源泉。如果是這樣，老子說天地之間就會成為一個大風扇，愈是使勁，百姓就愈是被折騰。

所以，在老子看來，按照「道」的要求，按理講，為政者就應該有德，否則怎麼當官呢？至於子女應該孝敬父母，員工應該盡忠職守。這一切，都是分內之事，用不著時時處處標榜宣傳。

這樣看來，老子講得有道理，的確是不用處處標榜，更怕有副作用。但是，孔子為何處處宣導「仁、義、禮」呢？實在是因為，「應該」如此做，不代表現實中「就會」如此做。面對現實，當大道已經有所偏差，人心與人性已經有所偏離的情況下，「仁、義、禮」之類雖然已經不是什麼向善之舉，卻是在現實狀態下的最佳選擇。也就是說，分明知道藥有副作用，可是既然病已經染上了，就是要治，該吃藥就要吃藥，該打針就要打針。孔子的思想一直在宣告的

「仁、義、禮」等美德是在現有狀態下,人們應該做出的最佳選擇。

仔細品讀老子、孔子的言論,進入他們的思想,認真思索,無論是源於天然大道,還是人為努力;是從防患於未然的角度,還是有病治病的行為,目的都是為了保證「機體」的健康。這個「機體」,並不是一般的機體,是社會治理體系這個有機體。希望它健康運轉、有效運行,動心起念都在於此。為實現這個目的,先賢聖哲們不遺餘力,反覆叮嚀,既怕不及、講不透,又擔心太超過,走向反面的極端,可謂用心良苦。

子曰:「為政以德,譬如北辰,居其所而眾星共之。」孔子將有德的為政者比喻為天上的北斗星,這其中有著既美麗且深刻的寓意。縱然斗轉星移、時光變遷,天下間對美德的要求將是永恆。

這樣看,孔子之所以堅定,就是因為那至善至美的政治,實在不是一廂情願的「人文幻想」,那是曾經的現實,也是充滿希望的未來。

詩與政治的關聯？

正在談為政以德，突然話鋒一轉，孔子竟品評起《詩》來？這在平常人看來，多少有些突兀。

《為政》篇的第二章，子曰：

> 《詩》三百，一言以蔽之，曰：「思無邪。」

政治是講求實效的、剛硬的、理性的。但是，詩是浪漫的、風花雪月的、溫柔的。這兩者之間的距離好像有點大，又會有怎樣的關聯？如前所說，在古代先賢聖哲的思想體系中，價值觀與方法論、理念與通行道路往往是一個同步的概念，他們在齊步走，這種思維方式，也是孔子的思維邏輯。

回首《為政》的開篇，為政以德的本質在講為政者本人要有德。如何實現為政者有德？如何提升為政者的素養、感化他們的美德呢？這些都離不開教化。在古代的教育體系中，《詩》教是重要的內容：

> 子曰：「入其國，其教可知也。其為人也，溫柔敦厚，《詩》教也。」
> （《孔子家語‧問玉》）

孔了說自己每到一個國家，就知道那個地方的教化情況。教育和文化不是口號喊出來的、不是標語貼出來的，是人們的一言一行在承載和表達。要了解一個地方的文明程度，只需到公共場所，到最需要排隊的地方，去看一看秩序的情況，再去公共廁所，看一看衛生如何，就大概明白了。

詩，是關乎人心的教化，培養的是溫柔敦厚的心性。詩，何以會有教化的作用呢？這與詩的起源有關。例如：

春天到了，看到盛開的桃花，人們就有了「桃之夭夭，灼灼其華……桃之夭夭，其葉蓁蓁」的感歎！桃花尚且有這樣美好的生命，人呢，應該有怎樣的使命與追求？於是，一個遠嫁的女子是「子之於歸，宜其室家」；「子之於歸，宜其家室」；「子之於歸，宜其家人」。宜室宜家成為女子的本分，只有宜其家人，而後才能教國人。

　　仲秋時節，當天上升起一輪明月，人們就想問一問「江畔何人初見月，江月何年初照人」？不知道是我先看到天上的月亮，還是天上的月亮先照到我？

　　這樣看來，詩的本質是直接而深刻的生命體悟。也正是因為對生命體悟的直接與深刻，若是以一言來表達詩的意蘊，就是「思無邪」，是誠、是正、是真、是善、是美。有唯美的情感、健全的心智，以及無限的遐想。

　　詩在表達生活，也是教育的方法。事實上，它所造成的作用是一種靈動的、關於靈魂的感化。如同南方吹來的風，和煦、溫暖、富有人情味，滋養心靈。

　　人的心地，就恰似一方土，土好，莊稼更易生長得繁茂。心地純正，思緒無邪，正是為政以德的根基所在。

懲惡是為了勸善

接著新問題來了，宣導「為政以德」，會不會忽視刑罰的作用呢？

> 子曰：「道之以政，齊之以刑，民免而無恥。道之以德，齊之以禮，有恥且格。」

在孔子看來：政令、刑罰、美德、禮制共同構成政治治理的有機體，每一方面都不可或缺。但是，在具體的施政過程中，以「政令、刑罰」為主，還是以「德、禮」為主，是有所不同的。「道之以政，齊之以刑」，就是用政令來統一行動，使得政行令通，以刑罰來防備奸邪，做壞事要受到懲罰，付出代價，進而使人們不敢做壞事。但是，懲惡不是終極目的，勸善才是最高宗旨。

所以，換一個方式，以道德來引導，以禮義來規範，在人們的內心建立一道屏障，分清是非榮辱，從不敢做壞事，到不想做壞事，生活守法的自覺，才是政治的大道。所以，為政以德的本質是德法兼備，是為政以德以法。但是，德在前，法在後。教化、引導、示範在前，處罰在後，不得已才使用。

孝與政治的關聯

本篇中，有四段談關於孝道的談論。分別是：

1. 孟懿子問孝

　　子曰：「無違。」樊遲禦。子告之曰：「孟孫問孝於我，我對曰：『無違。』」樊遲曰：「何謂也？」子曰：「生，事之以禮；死，葬之以禮，祭之以禮。」

2. 孟武伯問孝

　　子曰：「父母唯其疾之憂。」

3. 子遊問孝

　　子曰：「今之孝者，是謂能養。至於犬馬，皆能有養。不敬，何以別乎？」

4. 子夏問孝

　　子曰：「色難。有事，弟子服其勞；有酒食，先生饌，曾是以為孝乎？」

用這麼多篇幅來談論孝的話題，可看出孝道的重要性。那麼，孝與政治有什麼關聯呢？

魯哀公曾向孔子請教國家治理的方法，在《孔子家語》、《禮記》中均有詳細的記載。孔子作了系列論述，講清楚關於君臣、父子、夫婦等關係的處理，說明白「智、仁、勇」的美德，還談起方法架構。

「為政之道講得這樣詳細、完備，綱目並舉，但是要從何處下手，從哪裡開始做呢？」哀公提出疑問。

孔子的回答是：

　　立愛自親始，教民睦也；立敬自長始，教民順也。（《孔子家語·哀公問政》）

如果想使百姓有仁愛之心，首先要從敬愛自己的父母開始。百姓看到自己

的國君敬仰父母，會上行下效，自然地孝養自己的父母。如果想使百姓有誠敬之心，就從尊敬有賢德的人開始。百姓看到賢德之人被尊敬，就會思考自己的職責與使命。這樣一來，仁愛、誠敬的美德就會洋溢於整個社會之中，使得父慈子孝，兄友弟恭，處處都是正能量。

> 云孝者，所以事君也；悌者，所以事長也；慈者，所以使眾也。（《大學》）

父慈子孝，兄友弟恭。在此基礎上，會生成自然的影響。由孝親到事君，由敬兄到事長，由敬愛父母雙親到「老吾老以及人之老，幼吾幼以及人之幼」。在此基礎上，仁愛之心再一步延展，及於山川河流、魚蟲鳥獸，人與天地自然就和諧相處。

這樣看來，大孝之道就是大教之方，為政之法盡在其中。

政令不通是為政大忌

談論完孝道的話題，孔子談起了顏回，與本篇的主旨有著怎樣的關聯呢？

> 子曰：「吾與回言終日，不違，如愚。退而省其私，亦足以發，回也不愚！」

孔子說自己給顏回講學一整天，他卻始終沒有提反對意見，就好像愚笨的人那樣。但事後考察他私下裡的言行，發現他完全能夠理解，並能發揮自己的看法。原來，顏回並不愚笨啊！

對於學習的內容沒有當面提出反對意見，有這樣幾種情況：

（一）完全聽明白了，對老師所講的內容有著深刻的理解與認同。

（二）沒有聽得十分明白，認為自己還需要進一步的思考。

（三）自認為聽明白了，但心中完全不認同老師的觀點，但出於諂媚或其它原因，不當面提出反對意見。

所以，僅是憑藉當面的表現很難判別一個人的心思，關鍵還要看他「背後」在做些什麼。顏回的行動是默默思索老師所講的內容，完全地理解，進一步實踐。這樣看來，顏回屬於第一種情況，完全聽明白了，對老師所講有著深刻的理解與認同。

看似孔子在講顏回對於自己所教的態度，實際上這其中有著極為深刻的寓意。政令的執行者對於政令的態度同樣有三種情況：

（一）真正的明白者、認同者，會「退而省其私，亦足以發」，將政令落實到位，並且舉一反三，做出更加務實、高效、細膩的舉止。非但不愚，實在是極為聰慧。

（二）沒有聽得十分明白，但是政行令通，會不打折扣地執行政令，但知其一，不知其二，很難變通，在政令的執行上會留下隱憂。一方面，當有人提出反對意見的時候，可能會動搖；另一方面強硬地執行，大家不服氣。

（三）自認為聽明白，但心中完全地不認同者最可怕。當面並不提出反對意見，但背後亦絕不行動，政令不通正是為政的大忌。對於為政來說，尤其需要「退而省其私，亦足以發」這樣的執政者。

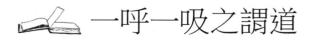 ## 一呼一吸之謂道

在本篇的末章，子曰：

> 非其鬼而祭之，諂也。見義不為，無勇也。

古人以祭禮教敬，透過祭祀天地、神靈、祖先，表達仁愛感念之心，表達尊天敬地，勿忘初心。問題是，儘管祭祀如此重要，還是有「當祭」與「不當祭」之分，若是不當祭而祭，不是自己的祖先也哭，祭祀的目的和意義就發生了根本性變化。可能因為另有所圖而心生諂媚，諂媚很容易混淆仁慈。這就是「非其鬼而祭之，諂也」。

另一方面，若是當尊不尊，當為不為，就是無勇。孔子說他自己是「事君盡禮」，人們卻以為他諂媚。在禮崩樂壞的年代，真理往往站在世俗的對面。

本章放在篇末，意義重大，與首章「為政以德，譬如北辰，居其所而眾星共之」首尾呼應。為政以德的最高境界是各居其所。本篇的首章在強調北極星當居中而行，為政者首先要有德，篇末的重心則落在了「眾星」應該如何做、群眾應該怎麼辦？若是一味地「共之」、「非其鬼而祭之」，就是諂媚。相反地，若是「當尊不尊」、「見義不為」，就是無勇，二者都偏離了當位而行。只有各居其所、各當其位，才能真正地實現相互傾慕吸引，而不彼此凌越，才有「居其所而眾星拱之」，繁星滿天際。

按照《論語》的邏輯，每一篇章的首尾，都有一個很深的呼吸在其中迴盪著，這是生命的韻律，一呼一吸之謂道。

《論語》小學堂

子曰：「非其鬼而祭之；諂也。見義不為，無勇也。」——《為政》

*「義」和「勇」是《為政篇》重要的概念，也是孔子很重視的部分。
　禮崩樂壞的時代中，動亂的源頭就在於人們沒有安分守己、也沒做好
　自己份內的事。

第三章

禮，就是理

按照《論語》的邏輯，《八佾》是對上一篇《為政》的延續。

《為政》篇的主旨「為政以德」，這是政治治理的大道，是政治的方向。有這樣的「道」在最前方帶路，方向清晰，才會有北極星安然居中，使眾星環繞。燦爛星河，繽紛但是有序。

「為政以德」的內容是關於「為政者有德」。要如何實現「為政者有德」？以及若為政者的德性出現偏差要如何修正？自古以來，先賢聖哲都在思索著。

我們的先祖在思考問題的時候，將天地之德作為智慧的源泉。首先是觀天，天上有天象、有日月星辰，就聯想到人間有人事、有君臣父子。但凡有人，就要有相應的職責與擔當；有事，就要有相應的治理方法，這些都要遵行一定的道理。有序、有位，才能各安其位，這就是「禮」了。

孔子說：

> 夫禮者，理也。（《孔子家語・論禮》）

禮義的「禮」，也就是道理的「理」。理什麼？理萬物者也。

《禮記・禮器》說：

> 禮也者，合於天時，設於地財，順於鬼神，合於人心，理萬物者也。

禮，是萬物井然有序、安然存在的道理。

《為政》篇談「道」，《八佾》篇談「理」，道理便由此而生。

不可跨越的底線

禮如此重要，可若有人不守禮，且是一個「為政者」不守禮，孔子怎麼看？

《八佾》的開篇就是這樣一個例子。

> 孔子謂季氏：「八佾舞於庭，是可忍也，孰不可忍也？」

季氏是魯國的大夫。八佾，在古代的樂舞中，八個人為一行，一行為一佾。八佾就是八行，八八六十四人。以祭祀樂舞而言，所能享有的表演人數，按祭主身份不同，各有其規範。按周代禮制，天子八佾，諸侯六佾，大夫四佾，士二佾。因此，四佾才是季氏所應該享用之禮，但是季氏以「八佾舞於庭」，在自家廳上跳起只有周天子才可配享的樂舞，是僭越的行為，是非禮的舉動。

表面上看來，不就是跳舞嗎？只是，按照禮的要求，季氏應該享用四佾，在他家廳上最多只能有十六人跳舞，現在只不過是多了一些人跳。可是人家是在自家跳舞，孔子至於如此「忍無可忍」嗎？到底是什麼使得「溫良恭儉讓」的君子發起了脾氣？

講到「溫良恭儉讓」，有一個典故是：子禽曾經向子貢請教，他看到孔子每到一個國家，能得知這個國家的政事。不知道這一切是他自己打聽得來的，還是人家主動告訴他的呢？子貢回答：

> 夫子溫良恭儉讓以得之。夫子之求之也，其諸異乎人之求之與！
> （《論語‧學而》）

在子貢看來，無論是主動地打聽人家的政事，還是人家主動地將施政情況來相告，這不是問題的關鍵。只要是志同道合，以成其事，本質都是一樣的。

說到這裡，我們再來品一品《論語》的開篇，孔子曰：「有朋自遠方來，不亦樂乎！」按照我們的理解，這一句話的本質表達了孔子在尋找志同道合之人，如果有志同道合之人，將不亦樂乎！只要是志同道合，可以一起去實現天下大同的那個理想，無論是我在這裡，你前來相邀；還是你在彼處，我主動前往，本質都是一樣的。所以，孔子的本質與魅力在於他「溫良恭儉讓」，這使

得他有能力探知到別國的政事，也有可能是別人樂意主動將自己的民風民情跟他分享。

但現在，溫柔敦厚、謙恭善良的夫子發脾氣了。到底是什麼使得「溫良恭儉讓」的君子發起了脾氣？會不會小題大作了？

想讀懂孔子、讀懂《八佾》篇，需要對中國傳統的禮樂文明有整體的認知。禮樂文明是中華文明的底蘊，經過上古三代長期的薰陶與培育，到西周時期終於建構起一套倫理學、教育學和政治學的體系，也構建了一套宇宙哲學，有著崇高的理想追求及通行道路。

禮樂文明果然有這樣巨大的作用嗎？今日的我們經常談起要有「文化自信」的話題，「文化自信」可不是一句空話。自信的底氣從哪來？這是需要文化自知，需要從源頭處去深入了解。有自知，才會有自信；有了解，才能有理解。那麼，何為文化？我們的先祖有這樣的說法：

> 觀乎天文，以察時變；觀乎人文，以化成天下。（《周易·賁卦·象傳》）

中華文化以天地之德作為智慧的源泉，以人心與人性為根基，不僅是完備的理論體系，更是至高的科學。什麼樣的智慧能跳脫天地的智慧？什麼樣的智慧能脫離人心與人性的根基？

我們以「禮」為例，就禮的起源，來談中華民族文化的源泉與根基。首先是看天，天在上，地在下，萬物在中間，山川河流、魚蟲鳥獸各有不同。有不同，就有相同。人以群聚，物以類分，就是「同」。

處理相同與不同，需要「禮」。禮是天地之序，在天地的秩序中，知其所止，才能和平共處。在古代，每年的十二月份，要祭祀各種神靈，被稱為蠟祭。祭祀的時候，要唱歌給神靈聽，稱為蠟辭。據說，自神農氏時期就已經這樣唱了，何曲何調不清楚，但是歌詞傳了下來：

> 土反其宅，水歸其壑，昆蟲毋作，草木歸其澤。（《古詩源·伊耆氏蠟辭》）

土，歸返它本來的地方。水，回到它應在的渠壑。昆蟲不要為非作歹，草木在土地、陽光的潤澤下茁壯成長。只有各安其所，才會欣欣向榮。相反地，若是土不安分，會如何？會有泥石流；水不安分，會有洪災；蟲不安分，會有蟲災。自然界中的一切，「安分守己」是多麼重要。一旦它們不安分，真正遭殃的是誰？是人類。

現在，有些人對於「安分守己」這樣的詞語較為敏感。一提到「安分守己」，就好像與是現代文明的反義詞，與「自由」衝突。但恰恰相反的是，只有真正「安分守己」的人，才可真正享有充分的「自由」。

想想是不是有其道理？當然是如此。那些不安分的人，犯了罪，首要之舉就是剝奪他們的人身自由。如果我們進行冷靜的深思，凡是不安分的人，要麼現在已經沒有了自由，要麼就在大步奔往不自由的路上。

中華民族自古就重視充分的自由，在上古時期，人們流行玩一種遊戲，將一塊木片放在地上，站在一定的距離之外，用另外一塊木片向其投擲，投中者勝。不僅玩遊戲，還邊玩邊唱：

> 日出而作，日入而息。鑿井而飲，耕田而食，帝利於我何有哉！（《擊壤歌》）

這樣看來，世外桃源式的理想生活不是陶淵明的年代才有，自古便有之。相反地，若是沒有安分守己，又會如何呢？強者威脅弱者，人多欺負人少，聰明的人欺騙愚笨者，膽大的人胡作非為，將無理誤會成勇敢，有病得不到救治，老幼孤獨等弱勢群體無人照顧，社會一片大亂。

為什麼會產生這種情況？孔子曰：

> 飲食男女，人之大欲存焉。（《孔子家語·禮運》）

人們透過「飲食」來延續個體的生命，以「男女」來延續群體的生命，如此才有生命的延續、才生生不息。所以，飲食男女是人類最基本的慾望與需求。人們對於飲食的需求，可以進一步延伸為物質的追求；對於男女的慾望，可以進一步延伸為精神的需要。

　　但是，慾望需要規範和引導，以「禮」來規範和引導。為什麼要對人的慾望進行規範和引導？其實是源於人心和人性。正常的慾望與需求，當然沒有問題，但就怕：

> 好惡無節於內，知誘於外，不能反躬，天理滅矣。（《禮記‧樂記》）

　　如果內心喜好什麼、厭惡什麼沒有節制，外物不斷地引誘，又不能反省自己，原來正當的慾望就會偏離了方向，產生了偏差，留有不斷膨脹的慾望，還有由「膨脹的慾望」帶來的一連串惡果。比如，強者威脅弱者，人多欺負人少，坑蒙拐騙，投機取巧，一片大亂。

　　人云：「道高一尺，魔高一丈」。魔在何方，魔真的就在外面嗎？魔不在外，在內，人最可怕的是自己的心魔。王陽明云：「破山中賊易，破心中賊難。」要控制這個心魔，唯一的方法就是「禮」，要知其所止、安分守己。

　　所以，在孔子看來，「禮」是維護社會有序運轉的基石。「禮」是底線，也是高壓線，一旦逾越，將害人害己。歷史證明也是如此，季氏不安分，奪了魯公的權；接著季氏的家臣陽虎就不安分，又奪了季氏的權；再接著又有人奪了陽虎的權。這就是上樑不正下梁歪，搬起石頭砸了自己的腳。

　　在原則性問題上，不能有絲毫退讓，怕的是得寸進尺，人的本性就是如此。若是這個邊界可以跨越，帶來的將是整個社會治理體系的崩塌。「八佾舞於季氏之庭」，不是跳舞那麼簡單，這相當於象徵國家威儀的「儀仗隊」，出現在地方官員的會客廳，真的是秩序崩壞。如果這樣的事情可以忍受，那就沒有什麼不能做的了。而這樣的事情確實在發生，禮崩樂壞的確不是虛言。恰是因為禮崩樂壞，講禮、守禮更是重要和必須。這是孔子堅守的底線。

　　美國有一部非常暢銷的小說《麥田裡的守望者》，小說中的主人翁嚮往東方哲學，提出長大成人後想當一個「麥田裡的守望者」。「麥田裡的守望者」是怎樣的角色？他說：

　　有那麼一群小孩子在一大塊麥田裡做遊戲。幾千、幾萬個小孩子，附近沒有一個人──沒有一個大人，我是說……除了我。我呢，就站在那危險的懸崖邊。我的職務是在那兒守望著。要是有哪個孩子往懸崖邊奔來，我就把他捉住──我是說孩子們都在狂奔，也不知道自己是在往哪兒跑，我得從什麼地方出來，把他們捉住。我整天就幹這樣的事。我只想當個麥田裡的守望者。

　　其實，無論是讀小說，還是讀經典，都需要具有一種參透的能力，透過文字看到它所承載的道理。小說的角色，往往都有隱喻的特徵。比如，講到「有那麼一群小孩子在一大塊麥田裡做遊戲」，小孩子其實就是無知與懵懂的代名詞。而「沒有一個大人」，大人代表著智慧與權威。正是因為沒有智慧與權威，所以無知與懵懂才會橫行，才會狂奔。不是一、兩個，是有幾千、幾萬個小孩子，向著懸崖奔來，但不知道自己是在往哪兒跑。得有人從什麼地方出來，把他們捉住，孔子在做的就是這樣的事情。

築起道德的堤防

學好不易，學壞實在不難。道德就像洪水，一旦決堤，滿眼都是氾濫之景。

有了季氏在自家堂上跳「八佾之舞」，接著就有了孟孫、叔孫的「爭相仿效」。孟孫、叔孫與季氏同為魯國的大夫，是魯國政權的實際掌握者。這三家在祭祀結束撤去祭品時，唱誦周天子才能配享的樂詩。

子曰：「『相維辟公，天子穆穆』，奚取於三家之堂？」

「相維辟公，天子穆穆」，講的是「天子主祭，諸侯助祭」之事，是至高的禮儀，端莊肅穆，表達著天地間的肅雍和鳴，實在是美。說到「肅雍和鳴」，肅，表達敬；雍，表達和。恭敬和順是這首曲子的調性。

一個沒有恭敬和順之心的廳堂上，演奏著以恭敬和順為調性的曲子，實在是莫大的諷刺。估計季氏等一群人也不知道這曲子在表達什麼。

所以，縱然是至善至美，若是不應該擁有，也當是「富與貴是人之所欲，不以其道得之，不處也」。如「窈窕淑女，君子好逑」，但若是「求之不得」，也當是「鐘鼓樂之，琴瑟友之」。但是，當失去了大道，失去了為政以德的導向，跨越了禮的邊界，權力就成為縱容貪婪的推進器。

其實，每一種生活現狀都有著誘發不良習性的可能。如生活在奢華之中，所帶來的不良習性就是「不遜」，容易飛揚跋扈，富貴而驕。在簡陋的環境中，就容易變得吝嗇。若一定要在這兩者之間選擇，孔子的選擇是寧可吝嗇，也不願意「飛揚跋扈」。

看來，人窮，沒有地位時會有很多毛病；但人若是富了，掌握權力後做起惡來更可怕。對於權力的擁有者來講，人生最大的意義是樂於擁有一切他們認為的「好東西」，比如「八佾之舞」，卻不去考慮是否應該擁有。樂於享受他們所謂的尊貴，比如「相維辟公，天子穆穆」，而他本身卻不必是善的。

樂在表達禮，豐盈飽滿

我們的先祖，談禮必然要談樂，禮樂不分家。就如同談天必然要說地，講理就要說情，講德就要提法，講道就離不開器，有分就必然有合。禮主分，樂主合。樂在表達禮，使禮的表達更加豐盈。

在《樂記》中有這樣一段關於樂舞的表達：

> 先鼓以警戒，三步以見方，再始以著往，復亂以飭歸。奮疾而不拔，極幽而不隱。

這是一段樂舞，但包含很多道理：首先，為什麼樂曲一開始要先敲鼓？它在講做一件事情，首先要有自信和氣場。以鼓聲來提振士氣，警戒眾人，所以「先鼓以警戒」。

有信心，還要有行動。好的計畫，是成功的一半。好的規劃，是導航裝置。計畫、規劃要做得具體可行，打算好第一步做什麼、第二步做什麼、第三步做什麼，打算好三步就可以看到一個光明的方向，即為「三步以見方」。

在事情行進的過程中，一方面向前看，還要回頭看，不斷地扎實基礎、總結經驗、改正不足，這就是「再始以著往」。

還要知曉關於目標的達成，尤其是集體目標的達成，需要的是步調一致，不是一個人衝出來就可以解決問題，而是整個團隊在向前走。在集體行進的過程中，步調快的要等一等，步調慢的要加緊速度跟上，達成步調一致，此為「復亂以飭歸」。行動果敢，但不要貪功冒進，這是「奮疾而不拔」。

志向是一種信念，正在默默積聚的信念。有時是在隱忍中升起希望，平靜中走自己的路，貴在不捨不棄，此乃「極幽而不隱」。

總之，人生有追求，執守不改變。

《樂記》云：

> 獨樂其志，不厭其道，備舉其道，不私其欲。

有著純正的信念，獨樂其志，執守如一，不捨不棄，這是「樂」的主要用意，亦是生命的主要目的。在「樂」中品味到這樣的美德，將自然生出行動的力量，此種力量在心底洋溢，成為動力源泉，心中有個小宇宙、發電站。

在本篇，孔子與魯國的樂師談論起「樂」：

> 子語魯大師樂，曰：「樂其可知也：始作，翕如也；從之，純如也，皦如也，繹如也，以成。」

在孔子看來，樂是可知的。剛剛開始的時候，靜氣凝神，就如人的心智在萌生一般，即為「翕如也」。再聽，「純如也」，心智就是應該專注一致，至誠。再聽，就是「皦如也」，心智開始彰顯，樂調明快。再聽，就是「繹如也」，樂音綿延、餘音嫋嫋。

如《中庸》所言：

> 至誠無息，不息則久，久則征……

用一顆至誠的心，永不止息，悠久則成物，功到自然成，水到渠成。在樂中，世事人情、理想與志向、現在與未來都得到深情地表彰，得到驗證。如羅曼・羅蘭講的那般，音樂甚至是一個從未表達出來的、完整的內心世界的唯一見證。

人可以知樂，樂亦可以知人。孔子評價《韶》樂：

> 盡美矣，又盡善也。

評價《武》樂：

> 盡美矣，未盡善也。

《韶》：舜時之樂。《武》：周武王之樂。孔子心中的王者形象是君臨天下，造福萬民。「堯、舜、禹、商湯、周文王、周武王」都符合孔子心中對王者的期許。但是他們之間又有不同，比如在堯、舜、禹的時代，奉行的是禪讓制，將權力交給最應該擁有它的人，盡善盡美。《韶》就是舜時的音樂。

到了周文王、周武王時期，情況有所不同。商紂王為虐天下，百姓生活在

水深火熱之中，武王伐紂的故事在上演。縱然武王伐紂的這支隊伍是一支王者之師、正義之師，但凡是動用武力，必然有生靈塗炭。所以，孔子評價《武》樂，是「盡美矣，未盡善也」。

看似在談論樂，本質還是在談論天下的道理、在談論禮。當樂被賦予了情性，樂的本質就是在表達禮，豐盈飽滿。

 ## 禍亂的根源

在本篇的末章，子曰：

> 居上不寬，為禮不敬，臨喪不哀，吾何以觀之哉？

就這樣短短十幾個字，卻把春秋末年失禮混亂的現狀，表達得一覽無餘。

本章也是對《八佾》全篇的一個總結。對於禮的執行，貴在自我要求，對於身居上位者，更是如此。也就是「居上要寬，為禮要敬，臨喪要哀」。在上位者要有寬厚之心，為禮之人要有誠敬的意思，面對喪事，哀悲是主要的調性。若相反地，「身不用禮而望禮於人，身不用德而望德於人」，自己無禮卻希望他人有禮，自身無德卻希望他人有德，就會成為禍亂的根源。

在孔子看來，天下無道，政治混亂，最根本的原因在於在於為政者失去了他們應該有的禮義法度。如果民風不正，一定是官風出了問題。是因為他們「為上不寬，為禮不敬，臨喪不哀」，導致整個社會失序的癥結就在這裡。

讀到這裡，我們再來品一品《八佾》的篇首：

> 孔子謂季氏：「八佾舞於庭，是可忍也，孰不可忍也？」

孔子為什麼說：「是可忍也，孰不可忍也」？「八佾舞於庭」不是多幾個人跳跳舞那麼簡單的事情，實在是因為這是禍亂的根源，如果這樣的底線可以跨越，天下就會一片大亂。有些事真的是不能忍心去做，也不能忍受別人去做，此為「忍無可忍」。

｜《論語》小學堂｜

子語魯大師樂，曰：「樂其可知也：始作，翕如也；從之，純如也，皦如也，繹如也，以成。」──《八佾》

＊樂源於禮，樂曲在無形之中，調和我們的思緒，使內心歸於平和，將可避免災禍發生。

第四章

覺知與超越

《里仁》 第四

《論語》的第三篇《八佾》，主旨就是在談「禮」。

所謂「禮者，理也」，禮義的禮，也就是道理的理。理什麼？《禮記》云：理萬物者也。世間的萬事萬物，有哪一件可以離開「禮」？

禮，是萬物井然有序、安然存在的道理。既然禮是萬物存在的道理，何為禮的源泉、禮的保障？

《論語》第三篇《八佾》就說到這樣的問題。孔子曰：

> 人而不仁如禮何？人而不仁如樂何？

如果沒有內在的仁愛感念之心，如果沒有守禮的自覺，來談禮、說樂有何意義？仁愛之心、感念之情、守禮的自覺，這是禮樂文明的底蘊，是禮樂文明根基之所在。「仁」，便是守禮的自覺，是人性的自覺，是自我的覺知。

《論語》的第四篇《里仁》篇，主旨就是在談「仁」，談自我的覺知，因自覺而自在，由自覺而覺他。《論語》篇章之間，就是這樣邏輯嚴整。

為什麼禮樂的源泉是人性的自覺，是守禮的自覺？

商鞅在《商君書》中講到：

> 國皆有法，而無使法必行之法。（《商君書·畫策》）

每個國家都有法律，可是，又有哪部法律可以保證法律得到執行？明代張居正曾感歎道：

> 天下之事不難於立法，而難於法之必行。

講的是同樣道理。所以，孔子認為，社會管理的理想境界和狀態是：

> 道之以德，齊之以禮，有恥且格。（《論語·為政》）

以「德」來引導「法」，以「禮」來引導「刑」，在人的內心建立起一道堅實的屏障，由不敢犯法，到不想犯法。

只有這樣，才能在道德的範疇裡產生超越的價值，具有約束的力量。也就是我們現在所言，如果沒有法治精神、法治風尚，法治只能是無本之木、無根

之花、無源之水。

仁愛之心、人性的自覺、守禮的自覺，就是法治精神，是法治風尚。因為法律的意義實在不在於處罰，而在於警戒，使人們不敢犯法，不願意犯法，天下沒有人打官司才是最理想的狀況。

人性的自覺來自哪裡？

如何修得那人性的自覺？《里仁》開篇點題。

> 子曰：里仁為美。擇不處仁，焉得知？

什麼是「仁」？關於「問仁」的話題，《論語》中有很多很多處，孔子的回答都不盡相同。

> 顏淵問仁。子曰：「克己復禮為仁」。（《論語·顏淵》）
> 樊遲問仁。子曰：「愛人」。（《論語·顏淵》）
> 樊遲問仁。子曰：「仁者先難而後獲，可謂仁矣。」（《論語·雍也》）

不同的學生問同一個問題，孔子有不同的回答。同一個學生問同一個問題，孔子還是有不同的回答。有人講這就是夫子教育的智慧，因材施教。

事實是如此，但又不僅是如此。每每有弟子問「仁」，孔子的回答都是實現「仁」的方法之一，所謂「條條大路通羅馬」。亦如佛家所言，有「四萬八千法門」。每次的問答既有針對性，又不僅僅侷限為一處之問答、一人之問答，而是孔子教我們一個法門，一條入道的道路。立體觀照，然後對號入座，就是為學的智慧了。

但是，要在今天找一個詞語與「仁」完全對應，無論是「克己複禮」還是「愛人」，都相近，但是又都不是，無可替代，「仁」就是「仁」，我們還是要稱它為「仁」。

里仁，就是居於「仁」、止於「仁」、依於「仁」、無終食之間違仁。行、住、坐、臥都和「仁」在一起，都和自我的覺知在一起。

在孔子看來，一個君子，應該以「仁」為美。離開了「仁」，智就無從談起。我們說一個人德才兼備，如果一個人無「德」，「才」就無從談起。

如果沒有高尚的人性，再高級的靈性都沒有價值。現在，有些高中出現一些極端事件，自殘、傷人事件時有發生。哪個事件的主角沒有高級的靈性？但是失去了高尚的人性，就如同偏離了軌道的列車，速度越快，就越危險。

孔子有自己關於美、關於善的標準，居於「仁」、止於「仁」、依於「仁」、無終食之間違仁，方是美，高尚的人性最重要。

在此，我們要講一講「止」這個字。《大學》云：

> 知止而後有定。

「止」是出發點，是立足點，還是目的地。關於「止」，《詩》云：「緡蠻黃鳥，止於丘隅。」讀了這詩，孔子說：

> 於止，知其所止，可以人而不如鳥乎？

孔子認為連小鳥都知道自己應該止於何處，停在山丘的石頭之上比較安全，人怎麼能不如鳥呢？若是與這相違背，就是「擇不處仁，焉得知」。「擇不處仁」的人實際上是沒有智慧可言的。

以「仁」來引導「智」，相當於以「道」來引導「器」，以「禮」來引導「樂」，以「德」來引導「法」，以「義」來引導「利」。雙方不可或缺，一體兩面，和諧統一，本末兼顧，同時有先有後，怕的是本末倒置，而天翻地覆。這是《論語》非常重要的一個思維邏輯。

讀到這裡，我們一起來回顧一個問題。孔子講過「君子不器」，難道一名君子不需要具備一定的能力和才華嗎？若是沒有一定的能力和才華，如何成就事業呢？

這其中蘊含著一個很深的道理。「器」如耳、目、鼻、口，各有所用，但是不能相通，「心」才是一身之主。是以耳目來引導心智，還是以心智來引導耳目，有著完全不同的結果。孔子認為一名君子應該以心順導耳目，當他做事

情憑著良心的時候，就會一身正氣，見義勇為，行俠仗義。小人的心被耳目掌控，聲色美味，見之欲取，明明是不遜、驕傲、蠻橫，自己還誤以為是勇敢。

所以，「器」本身一定是雙刃劍。刀子，可以削水果，造福於人，可是有人用它來傷人，就很麻煩；原子核，可以產生巨大的能量，用來發電，威力無窮，若是用來戰爭，將給人類帶來毀滅性的打擊。

同樣的道理，若是將「器」喻為具體做事情的能力，不是講這個能力不重要，而是在使用這個能力時要先確立它的根本，以向善利人為出發點。這樣，能力才有一個正確的導向，真正地具有意義、長久、不偏離。這個根本也可名之曰：「道」。

所以，古人云：「道器不二」，道以「無」的方式使「器」有用、中用。道以器為依託，器要追隨道，如同做人要以做事為依託，做事首要遵循做人應有的美德。此乃：「君子不器」。因為「不器」，方成「大器」。

所以，君子不器的本質在於講求「道器合一」，不拘於一定的用處，但是做一行愛一行，且能做好一行，這才是真正的君子，真正的「君子不器」。

再回到我們剛才講到的話題。

按理講，人不應該不如鳥，但是人真的就如鳥一樣「知其所止」嗎？其實未必。「知其所止」、「止於仁」，其本質是一種人性的自覺。但是真正實現仁，卻是學習與修養的結果，需要內在的自我覺知與外部環境相互影響，不停地互動。自我的覺知與外在環境互相互動、互為轉化，也是《論語》的重要邏輯。

俗話說：心靜自然涼。天氣熱的時候，需要心靜。那麼，是心靜了自然涼，還是涼了自然就心靜？有時會心靜自然涼，有時會外面涼了就心靜，實在是無法在兩者之間比個高下。重要的是，在我們可以努力的方面，盡到自己的心。

比如，自己的現狀是人微言輕，對環境影響的能力很弱，就要告訴自己「心靜自然涼」。盡自己的最大努力，守住一方靜土。若自己的現狀是擲地有聲，有一定的影響力、發言權，就要知道「外面涼了就心靜」，為他人營造一個好的環境。

里仁為美，是在講選擇與有仁愛之心的人相處，就是「智」了。當然，里仁為美，還是心裡美，心中有個桃花源，處處都是水雲間。

知止而後有定

仁，源於人性的自覺。覺知到什麼？《大學》引用《太甲》的話「顧諟天之明命」，覺知到自我的光明本性。自我之光明本性，本身就天然存在，但是人這個主體可要時常顧及它，莫使這世間的塵埃覆蓋了它。

本性如同日光常清，如同月光常明，但是當浮雲覆蓋本性的時候，如同水起波浪，困頓、安樂都為之所動，偏離了中正。貧窮之人易於「諂媚」；富貴之人易於「驕縱」；在高位者易於居高臨下，吆三喝四；在下位者易於向上攀援；窮困之人易於投機取巧，僥倖行險；在安樂之中又易於樂極生悲。

更多的時候，有些人在完全的兩端，都是極端。面對困頓與安樂、貧與富、賤與貴、上與下、得與失，均安之若素，唯有高度自覺的人才能做到，只有仁者才能安仁。

所以，自我的覺知是安身立命的根本。自覺者安於這種自覺，而真正的智慧將成就這種自覺。此為「仁者安仁，知者利仁」。也只有基於真正的智慧，才能做出理性的價值判斷。孔子認為：

> 唯仁者能好人，能惡人。

在我們先祖的思維模式中，人之光明本性，即為天地之本心，人與天地同在。覺知到光明本性，就可以超越那個小我的好惡，不以物喜、不以己悲，得天下之正。《大學》中也講到這個道理：

> 所謂修身在正其心者，身有所忿懥，則不得其正；有所恐懼，則不得其正；有所好樂，則不得其正；有所憂患，則不得其正。

當個人的忿懥、恐懼、好樂、憂患之情產生時，朱熹稱之為「欲動情勝」，在情緒之中，就很難對事、對人做出理性的價值判斷，衝動是魔鬼。可是，這「忿懥、恐懼、好樂、憂患」分明就是人之常情，人人有之。所以，我們的先祖不是講要徹底消除這樣的情感。

原憲曾向孔子請教一個問題：

> 「克、伐、怨、欲不行焉，可以為仁矣？」子曰：「可以為難矣，仁則吾不知也。」（《論語・憲問》）

在原憲看來，一個人摒棄了「好勝、自誇、怨恨、貪心」，應該差不多算是仁人了！但是，孔子怎麼看？孔子認為要做到這些是夠讓人為難的，是不是為仁？自己不知道。這個道理很深刻，人要平心而論，將心比心，若是「好勝、自誇、怨恨、貪心」都是人本性的一部分，真的能夠完全摒棄嗎？若是不能，若是為難，就需要對其進行慎重地思考，對於人性予以充分的尊重、理性認知。

當然，這樣做並不代表默許、默認，更不代表縱容。關鍵是在哪些方面好勝，又在哪些方面有所慾求？若是以好勝之心追求技術上的進步，追求學業上的精進，又有何不可？相反地，一切違背人性的言行，就如孔子所講，是為難。是不是為仁？不知道。

同樣的道理，對於「忿懥、恐懼、好樂、憂患」這樣的情感，不是要消除之，人也沒有消除的能力。而是要保持覺知、保持警醒，盡而保持一個距離，這個距離就是感性與理性的距離，就是人慾與天理的距離。縮短這兩者之間的距離，就是學習與修養的價值了。

因覺知而超越，因自覺而自在

一名真正的仁者，因覺知而超越，不僅可以超越偏激的情緒，還將超越現實的處境。

> 子曰：富與貴，是人之所欲也；不以其道得之，不處也。貧與賤，是人之所惡也；不以其道得之，不去也。

在現實的生活中，一個對於財富與地位患得患失，將希望和害怕都集中於自我的人，是不能鎮定自若地看待富與貴、貧與賤的，很難有真正的超越。

對於這一點，老子認為：

> 寵為下，得之若驚，失之若驚，是謂寵辱若驚。（《道德經》第 13 章）

集萬千寵愛於一身，很多人都嚮往之，是求之不得的事。可是，老子為什麼說：「寵為下，得之若驚，失之若驚，是謂寵辱若驚」？這其中實在是有人們第一眼看不到的智慧。如果當「有所得」成為一個人幸福源泉的時候，得到金錢、得到地位、得到聲名、得到榮耀。那麼當他面對「有所失」的時候，他能夠全然地承擔嗎？

所以，當富與貴、貧與賤的處境有所變化的時候，對於寵辱若驚的人來講，往往會摧毀他原來生活的世界。這就是老子為什麼講「寵為下，得之若驚，失之若驚。」

然而，一個可以看清真相的人、對自我有著真正覺知的人，得失都不會成為幸福的源泉，是內心的自然而然、來者不拒、過往不咎，會有著真正的超越。

要知道，這種超越不是虛空，是真切的現實，是真實的存在。仁者因自覺而自在，這是生活對於仁者的最佳回報。於是，就有了《中庸》所云：

> 君子素其位而行，不願乎其外。素富貴，行乎富貴；素貧賤，行乎貧賤；素夷狄，行乎夷狄；素患難，行乎患難：君子無入而不自得焉。

富貴、貧賤、夷狄、患難，貴在當位而行。關於當位而行，貧者當何為？

富者當何為？在《論語‧學而》中，子貢和孔子之間有一段對話：

> 子貢曰：「貧而無諂，富而無驕，何如？」
> 子曰：「可也。未若貧而樂，富而好禮者也。」
> 子貢曰：「《詩》云：『如切如磋，如琢如磨』，其斯之謂與？」
> 子曰：「賜也，始可與言《詩》已矣。告諸往而知來者。」

在貧困時不諂媚，在富足時不傲慢，這本來就是正直做人的原則，一名有境界的君子方可實現。然而孔子還提出了一個更高層次的追求，不如「貧而樂，富而好禮者也。」仁者因自覺而自在，即為《論語‧述而》中孔子所言：

> 飯疏食飲水，曲肱而枕之，樂亦在其中矣。不義而富且貴，於我如浮雲。

吃粗糧，飲冷水，彎著胳膊當枕頭，對於一般人來講，這樣的生活是苦的。但對於孔子來講，在紛爭中堅定、超越一切無常的浮世榮華，人生便處於不同的境界。如同窗外的月光，寧靜、美好，那不是傳說，而是現實。粗茶淡飯亦是樂在其中，但若是富貴取於不義之舉，就如天上的浮雲，讓它飄過。

仁者因自覺而自在，自在的最高境界就是「道」境了。

> 子曰：「朝聞道，夕死可矣。」

何為道？老子曰：「道可道，非常道」，能夠用語言講清的道，可能就不是真正意義上的道了，老子都講不清，現在我們也不一定要給它一個概念。但「道」是真的偉大，孔子說他自己若是早上可聽聞「道」，晚上駕鶴西歸都沒有遺憾！

有人認為，孔子說：「朝聞道，夕死可矣」，孔子聞道之迫切，可能還沒有聞道。事實是，在朝夕、旦暮、生死之間，孔子從來沒有離開過「道」。他在「道」中，做好了所有的準備，包括死。如此，孔子便始終在飽滿的價值理想中興起，在燦爛的生命境界中行走。任重而道遠，堅忍而不拔。

這個境界大約就是「道境」了。王國維在《人間詞話》中講到：「詞以境界為最上，有境界則自成高格，自有名句。」人亦以境界為最上，有境界亦自成高格，自有仁人。

因自覺而覺他

仁者的境界，即為自覺者，自覺還有一種解釋，就是自己能夠管得了自己。一個管得了自己的人就能謹言慎行、舉止有度，自然過失就少。

相反地，若是管不了自己，心猿意馬，如同馳騁於田野，令人心發狂，行動隨著心思飄忽，從心所欲而傷人害物。

管得了自己，就會因自覺而覺他。

> 子曰：「德不孤，必有鄰。」

自己有魅力，才有吸引力，進而吸引到應該吸引之人。何德不孤？就是里仁為美。一顆紅心「依於仁」，行動上「止於仁」，此為美。心裡美，環境美，則各美其美，美美與共，天下大同。天下大同，即為孔子的理想了，也是天下人的嚮往。

本篇的末章是子遊的話。

> 子遊曰：「事君數，斯辱矣；朋友數，斯疏矣。」

數，就是繁瑣。子游認為事奉君主，也就是上位者，過於繁瑣，會招致侮辱；對待朋友過於繁瑣，則會被疏遠。一名君子「依於仁」，「止於仁」，靠的是內在的自覺，自己是最為強大和最根本的力量。如果一個人自己不想去改變自己的思維態度，就會形成一種僵化的行動習慣，在許多應該堅信的方面是懷疑的，應該接受的地方是固執的，那麼別人的勸說所造成的意義是不大的。

什麼是在許多應該堅信的方面是懷疑的，應該接受的地方是固執的？老子將人分成三類：上士、中士、下士。《道德經》第 41 章說：

> 上士聞道，勤而行之；中士聞道，若存若亡；下士聞道，大笑之。不笑不足以為道。

上士之人聽聞道，會勤而行於其中，知行合一，信解受持。比如說，一名上士聽到「君使臣以禮，臣事君以忠」，會信心清淨，身體力行。如果他是君，

他將彬彬有禮；如果他是臣，他將忠心誠敬。當然，在更多的時候，每個人都是多種角色的複合體。

同樣是聽到「君使臣以禮，臣事君以忠」，中士就會半信半疑，「若是我對他人有禮，可是他人對我無禮怎麼辦？若是我對他人忠心，他人對我不忠怎麼辦？」這是中士的行為。

下士聞道，直接是哈哈大笑、還是不可思議的嘲笑。他認為很多人都是想怎樣就怎樣，按照自己的性子來，或者投機取巧取得「成功」，竟然還有人宣導「君使臣以禮，臣事君以忠」？在下士看來，這樣的做法真的是傻得可笑。值得反觀的是，若是不被下士之人嘲笑或認為不可思議，其實是不足以為道的。也正是因為下士的嘲笑，才恰恰是對道的真正考驗。

到這裡，我們再來看《里仁》這一篇的首章和末章，就形成一個呼應。

里仁為美，心裡美最美，才是真的美。「仁」的本質是人性的自覺，是自我的覺知與超越。對於我來說，是我的覺知與超越；對於你來講，是你的覺知與超越。內心的自覺是第一動力，是本；而勸說一個人心中要有美德、要行道，是一種方法，是末。對於方法的使用、對於末節的駕馭，更是要有度，否則事倍功半，甚至適得其反，自取其辱。本篇到此，首尾呼應，本末兼顧。

還要說明的是，「仁」在人心，在每個人的內心，不是另外修的什麼「東西」，它本身就客觀存在，一切的努力都是為了與之相逢，包括「擇要處仁」，都是為了認知它、覺知它、安於它，它就是「仁」，是內心深處的真善美。向內走，將與它相逢，有個美麗的邂逅，牽手終生。

《論語》小學堂

子曰：「人之過也，各於其黨。觀過，斯知仁矣。」──《里仁》

＊從一個人所犯的過錯，可以觀察出他內心的善惡，也說明我們要時時
　加強個人的道德修養。

第五章

選擇與承擔

　　《公冶長》是《論語》的第五篇。本篇的主旨可以說是「對號入座」，宣告「我的選擇與擔當」。

　　這一篇也可以說是對於前面四篇的小結。《論語》的開篇《學而》打開了當生命邂逅生活的大門，第二篇《為政》談為政的根基、做事的根本。一輛列車已經出發，自然是要明確方向，行使在軌道上。所以，道，在最前方帶路。只要路對，就不怕路遠；只要路對，快幾分或慢幾分沒有關係；只要路對，無論是搭飛機、搭高鐵、坐輪船，方便就好。為政以德的根本是為政者本人要有德，禮是德的載體，是德的具體化。明禮，就是明理，貴在當位而行。《論語》第三篇《八佾》接著談為國以禮，遵循事務內在的規律，當位而行，君使臣以禮，臣事君以忠。對於禮的奉行，最強勁的動力來自人性的自覺，來自一顆仁愛之心，來自一顆柔軟的內心。所以，《論語》的第四篇為《里仁》篇，講關於「仁」的話題，「仁」的根本源於人性的自覺，是自我的覺知，有覺知方可有超越，因自覺而自在，因自覺而覺他。

　　如果沒有對於人性的自覺、沒有仁愛之心，禮，就會成為束縛他人的工具。「君君、臣臣、父父、子子」的本質在講「君臣父子」各自盡到本分，履行職責和義務，各安其位，而不相奪。可是，若是片面強調一方的權利，整個思維就會發生根本性偏離，出現「君讓臣死，臣不得不死；父讓子亡，子不得不亡。」試問天下哪對父母生養孩子的目的是為了讓他死亡？所以，讀《論語》，讀經典，實在需要把握中庸之道，才可真正走近它。

　　現在到了《論語》的第五篇《公冶長》。公冶長是孔子的一個弟子。這一篇是對照前四章所表述的價值體系進行一個小結，同時，對號入座。對哪個號？從根本來說就是「仁」的標準。「仁」的標準，本質上就是作為一個人應該持有的標準。

　　誰來入座？以孔門弟子為代表的人物，對他們的賢否得失進行評價。在具體的評價中，再一次彰顯孔子的價值觀、是非觀、榮辱觀。他讚揚什麼，反對什麼，鼓勵什麼，警醒什麼。

　　這一篇，正是從孔子談公冶長開始。

我的選擇與擔當

> 子謂公冶長：「可妻也，雖在縲絏之中，非其罪也。」以其子妻之。

所謂「縲絏」的「縲」，指的是黑色大索。「絏」乃是綑綁的意思。古代牢獄中用黑色大索綑綁罪人。這裡代指公冶長身處牢獄之中。

公冶長在牢獄之中，孔子卻「以其子妻之」，是說孔子將自己的女兒許配與在牢獄之中的公冶長為妻。

按照一般的常理，若是自己的親朋好友中有人身處牢獄之中，有什麼好被提及的呢？多數人會以此為辱。但是在孔子看來，若是「非其罪」，不是他的過錯，是被冤枉的話，就不會感到羞恥。反過來說，若是在「無道」的社會中，因為伸張正義而遭到詆毀、陷害，比如周文王就曾被商紂王關在牢獄之中，是「殺身以成仁」、「捨身以取義」的情況。不僅僅是「非其罪」，反而在孔子的內心是給予讚賞的。在危險與困難面前選擇堅守，這是孔子欣賞的品格，也是孔子奉行的品格。

在陳蔡絕糧之時，當孔門弟子的信念產生動搖，對孔子所尊奉的道有所懷疑的時候，顏回有他自己獨到的認知。顏回認為孔子的道既不像子路講的那樣，還不夠大，沒有達到仁、沒有達到信。當然也不像子貢講的那樣，孔子的道至大，陽春白雪，天下莫能容，需要降低標準，雅俗共賞。

顏回認為，孔子心中的大道、追求天下大同之道，當然應該推而行之，世人不任用我們，錯不在我們，是各國君主們的恥辱。老師有什麼可煩惱的呢？恰恰是因為不容，世道不好，方才見得真君子。

孔子聽了很是開心，欣然歎曰：「有道理，顏家的小子，你好好幹，希望你有很多錢財，我來給你當管家。」看來，顏回講出了孔子的心聲。

在孔子看來：

> 志士仁人，無求生以害仁，有殺身以成仁。（《論語‧衛靈公》）

若非天下無道，激發了世人的良知，使之受到極端的考驗，那些英勇無畏的抗議行為本來是不會發生的。但是，一旦底線受到衝擊，總是要有人站出來，站在懸崖邊，以免更多的人墜落懸崖。為此，即便付出生命也是死得其所。到這裡，我們再來理解什麼叫「守死善道」，孔子為什麼要「知其不可而為之」，這是儒者的可貴，需要真正的勇氣。所以，對於公冶長，孔子是欣賞的，將自己的女兒嫁給他，也是至上最高敬意的表現。

想一想，為什麼中華文明是世界上唯一一條沒有乾涸的文明之河？河流孕育文明，世界上的河流有很多，不僅有黃河、長江，還有印度河、恆河、尼羅河、幼發拉底河、底格里斯河。所以，也就有了古印度文明、古埃及文明、古巴比倫文明。這些文明也曾一度燦爛，但最終仍走向滅亡。

可是，中華文明不同，雖歷經波折，卻危而不亡。大概和中華文明的DNA中有著死守善道的精神緊密相關。在很多處境下，孔子往往會消散在我們的視野中，他走向了遠方，在他前方有雲霞升起，萬丈光芒。

孔子接著談到另外一個弟子南容。

> 子謂南容：「邦有道，不廢；邦無道，免於刑戮。」以其兄之子妻之。

不廢：不被廢棄。刑戮：因犯法而受刑罰或被處死。以其兄之子妻之：孔子將侄女許配與南容。

本章是孔子對弟子南容的稱讚，這也符合孔子自身處世的原則。面對邦有道或無道的局面，應當如何對應？這是孔子經常談論的話題。孔子主張「用之則行，舍之則藏」、「天下有道則見，無道則隱」，能夠審時度勢，依時而動，所以孟子稱讚他「聖之時者」。南容在國家政清人和之時才能不被埋沒，混亂之際能夠明哲保身，實屬不易。孔子對他十分欣賞，因此將自己的侄女嫁給他。

本章與上章對讀確有微妙之處。如何面對環境變化？孔子對於「邦有道，不廢；邦無道，免於刑戮」的態度是贊成的，否則怎會將侄女嫁與南容。但面對無辜卻身陷牢獄的公冶長，孔子更是清楚表明自己的態度。在無道之時儘量免於刑戮，而若是必要的時候，需要「殺身以成仁」、「捨身以取義」，孔子

讚賞並奉行這樣的價值準則。但是，孔子清楚，這種道義的擔當是自己的自覺自願，是「我」的選擇與擔當，不是對他人的要求，更不是強求。自己能夠擔得起，心甘情願，將自己的女兒嫁過去。

凡是牽涉到更高的標準和要求，需要付出與擔當，這一定是對自己的要求，是自己的選擇與擔當，不是對他人。上無極限，是自己的選擇，他人不出底線即可。

讀到此，我們再來回顧《論語》的首篇《學而》，這篇的首章，子曰：

> 人不知而不慍，不亦君子乎！

孔子並不擔心別人不了解自己。對於一名真正的君子來講，他可以在自己的靈魂中，見證良知的榮耀，坦然地面對他人的懷疑。但是，孔子知道這樣的要求對於大眾來說是高的。每個人都多麼地渴望「學而時習之，不亦說乎」。希望自己畢生所學，能夠為這個時代所接受，實現理想，建功立業。若是退一步，面對失望，尋找志同道合之人繼續努力，仍不捨不棄。

但是，還要再退嗎？不被人理解，身處困境中，對於信念與追求也從未動搖，很少人能做到。「人不知而不慍」，實在是比較高的要求，子路、子貢都欠些火候。正是因為知道這樣的要求是高的，要實際做到是難的，所以，《學而》篇的末章，子曰：

> 不患人之不己知，患不知人也。

孔子說，我並不擔心別人不了解自己，卻擔心自己不知「人」，擔心由於我的不知「人」而使「人」不被知、誤了「人」。不擔心別人不了解自己，怕自己不了解他人，這就是孔子的境界了。再讀他講的許多話，如「弟子入則孝，出則悌」、「出則事公卿，入則事父兄」、「君事臣以禮，臣事君以忠」……真的是平凡，而他的不平凡，在於他胸懷凡人。

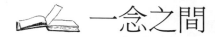 一念之間

孔子對宓子賤有很高的評價：

> 子謂子賤：「君子哉若人！魯無君子者，斯焉取斯？」

子賤：孔子弟子，姓宓，字子賤。孔子誇讚他說：這個人真是個君子啊！誰說魯國沒有君子呢？不然，宓子賤怎會有如此美德。

那麼，發生了什麼事情，使得孔子對宓子賤如此讚歎？在《孔子家語・子路初見》篇有這樣的記載：孔子的侄子孔篾與弟子宓子賤一起當官。孔子經過孔篾的住處，詢問侄子的情況：「自從你做官以來，有何得失啊？」

孔篾回答得爽快：「一無所得。所失之處有三個方面：一是公務繁忙，事情一件接一件，自己的理想沒有機會得到實踐，所以自己所『學』沒能應證；二是俸祿少、薪資低，連稀飯都不能分給親戚，骨肉之情日益疏遠。」很多人都將自己收入低，當作無法敬養親人的十分冠冕堂皇的理由。自認為是「心有餘而力不足」。

子路也曾經為此而傷心。《孔子家語・曲禮子貢問》記載說：

> 子路問於孔子曰：「傷哉貧也！生而無以供養，死則無以為禮也。」
> 孔子曰：「啜菽飲水，盡其歡心，斯謂之孝。斂手足形，旋葬而無槨，稱其財，斯謂之禮，貧何傷乎？」

在子路看來：「貧窮，真是件悲哀的事情。因為貧，對於父母之生，無以供養；對於父母之喪，無以為禮。」這樣看來，貧真是件悲哀的事，因為貧困，連父母的生死都無法供養。然而孔子不這樣看，他認為「粗茶淡飲，吃點豆子，以水為飯，雖然生活清苦，但只要能使父母生活得稱心如意、歡心喜悅，這就是孝。死後，以衣、棺收殮屍體，所用的衣被可以蓋住肢體不外露，加以安葬，也不用槨，根據自己的財力，量力而行，這就是禮。貧又能妨礙什麼呢？」原來，孝貴在生時盡其歡心，而喪禮貴在量力而行。莫以貧作為不孝無禮的藉口！

還是回到孔篾的談話。他講的第三方面所失是公務多，有時又來得急，迎

來送往、弔死問疾這些事就顧不上了，朋友之情漸漸缺失。孔子聽了很不高興。自己的侄子入官以來，一無所獲全是失，當然不高興。他又到宓子賤那裡去，問了同樣的問題。

宓子賤回答說：「自從做官以來，沒失去什麼，而在三個方面有所得：以前跟從老師學習而形成的信念，現在在實際工作中得到了應用，因此信念更加清晰；所得到的俸祿分給親戚，因此骨肉之親更加親密；雖然公務纏身，但仍兼顧到弔唁死者、探望病人，因此朋友之情更加深厚。」

同時出仕，一起為官，一個一無所獲全是失，一個全是收穫無所失，這是為何？看來，同樣的問題、同樣的處境，因為不同的心態而有截然不同的結果。一者全是失：工作太忙，顧不上理想，顧不上學習；薪資太少，顧不上親人；事情太多，顧不上朋友。於是，工作無趣，親情疏遠，友情缺失。悲觀、焦慮、不安是孔蔑的心態。

相同的狀況，放在宓子賤身上就全是得到、全是收穫：透過工作實踐學業；用薪資敬養親人；兼顧公務與人情。於是，工作有衝勁，家庭更和樂，與朋友關係更緊密。樂觀、平和、滿足是宓子賤的心態。

因為心態不同，得失就在一念之間。想一想，理想、工作、生活本就三位一體，實在是不可分割，不能顧此失彼，需要統籌兼顧，宓子賤做到了。所以，孔子極力讚歎他的這位弟子。

將《論語》與《孔子家語》一起讀，很多事情的本末就非常清楚。在經典當中合觀參驗，就如同一條小魚邂逅了大海，自由自在，悠哉悠哉。讓《孔子家語》裡面的孔子出場，來解讀《論語》的言論，我們就不用煞費苦心地進行猜測、論證了。

 進退裕如的曠達

從宓子賤的身上，我們看到了「道不遠人」，的確是「人能弘道，非道弘人」。可是，在現實中，若是「道」不行，行不通，怎麼辦？

孔子說：

> 道不行，乘桴浮於海。

孔子說，如果道不行，我就乘個木筏浮在海上。往何處去呢？有人認為孔子浮海，是要渡海去東夷，其實沒有證據。事實上，這其中有一種飄然而去之感。如果道不行，就乘個小小的木筏，浮於海上，飄然而去。

清代有位著名的經學家，也是位大詞人張惠言，在寫給他的學生楊子掞的一組詞中，講到「飄然去，吾與汝，泛云槎」。孔子要乘桴浮於海，張惠言要飄然於雲端，事實上，春江潮水連海平，海上明月共潮生，海天一色。

總之，孔子說我們要走了，仲由和我一起去。子路（仲由，字子路）當真了，老師說了要讓自己跟隨，這是莫大的認同，於是「聞之喜」。

孔子曾經對顏回講：

> 用之則行，舍之則藏，惟我與爾有是夫。

當進則進，當退則退；當伸則伸，當屈則屈。無論面對怎樣的處境，都能無怨，做到真正地心安，實在需要真正的修養。孔子認為，能做到這一點的，恐怕只有自己和顏回了。

子路聽了不服氣，他認為老師要率領三軍將士，希望決勝千里，誰能和你同行？我能保護你！但是聽了這話，孔子並不領情，他說：「赤手空拳和老虎博鬥，過河不靠舟船，雖然是死而無悔，但是我不會與這樣的人同行。」

想一想，還是孔子說得在理。不怕死，有什麼難呢？若是死、犧牲就能解決所有的問題，豈不是非常簡單。但事情往往沒有那麼簡單，解決問題需要「臨事而懼」，需要「好謀而成」。只有慎終如始，懷有一顆誠敬之心，才能執守

如一，沒有失敗。也只有善於謀劃的人，遵循事物發展內在的規律，講求科學的方法，成功的機率才會比較高。

為什麼要赤手空拳和老虎打一架？又為什麼要徒身過河？對於君子來講，無貪生，也不怕死。但是，無論是生還是死，都要得其所、有價值才對，孔子並不欣賞無謂的犧牲。

孔子說：「道不行，我要乘桴浮於海。」他真的是要遠行、要離開、要放棄他的追求嗎？讀到這裡，有人認為：「啊！原來孔子也是人，也有隱退、消極的一面。」在世人心中，孔子當屬擔當大道，不亦重乎、不亦遠乎、更是不亦怕乎？事實也是如此。所以，當孔子開個玩笑，放鬆一下的時候，大家反倒緊張、當真了，子路更是如此。所以，孔子只能無奈地說：「由也，好勇過我，無所取材。」

言外的意思就是沒有木材，做不了木筏，我們如何「乘桴浮於海」？你以為我真的要飄然而去嗎？仲由啊，你果然是只有在「勇」的方面超過我，還是不理解老師啊！

佛家講，除了人間之外，哪裡有另外一個極樂世界？慧能說：

> 東方人造罪，念佛求生西方。西方人造罪，念佛求生何國。（《六祖壇經》）

東方人說，我現在犯了錯，生在苦海之中，那我就念佛，求老天把我生在西方那個極樂世界。可是，如果西方的人現在也活在苦海之中，他們念佛要生在何方？所以說，除了人間，根本沒有另外一個天堂，沒有另外一個極樂世界。我們要做的就是和人在一起，在塵世之中，活出自己的精彩來。

孔子說：

> 鳥獸不可與同群，吾非斯人之徒與而誰與？天下有道，丘不與易也。（《論語・微子》）

在孔子看來，鳥獸又不是我們的同類，我不和人在一起，要和誰在一起？若是天下有道，我孔丘就不用如此奔波，去改變世道了。

有人問佛家：「明知是空，為何還要奮鬥？」佛家人回答：「因為有輪迴，一江春水向東流，還會流回來。所有的行為都會留下印痕，今世的果，就是來世的因，沒有白費的努力。」佛家人還說：「正因為是空，之所為就沒有掛礙、沒有恐怖，能夠放得開，放手去奮鬥就好了。」

有人問儒家：「明知不可為，為何為？」「明知天下無道，為何還行道？」答案就在問題中，不可為、難為，人之所為才更有價值和意義，才有了理想與追求，並為此而執守不改變。正是因為無道，才需要人去行道。不僅是要行道，且無怨、不計其功、不計較付出所有的功夫、不在意是不是有功勞。

所以，孔子說：「道不行，乘桴浮於海。」這與孔子是否萌生退隱之心實不相干，反而是夫子於進退與海天為一體的曠達令人心生敬佩。

心有所屬，心甘情願

在本篇的末章，孔子說：

> 十室之邑，必有忠信如丘者焉，不如丘之好學也。

孔子說，在十戶人家中，一定能找到一個像我孔丘一樣忠信的人，可是你要想找一個如我孔丘一般好學的人，就難了。

孔子是個非常謙虛的人，可是在這裡，他怎麼就不謙虛了呢？首先，我們應該對「好學」有一個基本的認知。「好學」，是好學什麼？「好學」，是好學道。孔子說自己是「十有五而志於學」，即志於學道。

> 子夏曰：「賢賢，易色；事父母，能竭其力，事君，能致其身；與朋友交，言而有信。雖曰未學，吾必謂之學矣。」（《論語・學而》）

「賢賢，易色」，第一個「賢」為動詞，是對於賢人的態度，即為友賢，親賢。第二個「賢」字，是賢達之人。向榜樣學習，方向就不會偏離，所以要親仁，要「賢賢」。如果將賢達之人的言行樹立一個標準，那麼自我的行為就有了參照的對象，持續發揮準確的功效，不斷地鞭策，轉變自我為人的姿態、行為的風格，這就是「易色」了。

「事父母，能竭其力」，就是「入則孝」。「事君，能致其身」，就是「出則悌」。「謹而信」又是「事君，能致其身」的具體化。「與朋友交，言而有信」，對待他人盡到本分，就是在用自己的行動來實行學的真知、道的真諦。

要以什麼來衡量一個人的「好學」呢？不是說了自己非常好學，就真的是如此，也不是說了肯為某件事情付出，就真的付出了。衡量一個人是否好學的標準、衡量一個人有沒有事業心的標準，不是從他在這件事上希望得到什麼來衡量，而是看他肯為這件事情付出什麼。付出的程度，顯示真正喜歡的程度。真正地喜歡，是心有所屬、心甘情願。

　　真正的心甘情願，不僅僅是指為追求美和善而要付出的辛勞，有時候，還要有對於公眾價值偏差所帶來的負向認知的擔當。比如，關於孔子，有人講他是「四體不勤，五穀不分」，有人說他「若喪家之犬」，他自己怎麼看？「人不知而不慍，不亦君子乎！」

　　當付出與結果兩方面都心甘情願，沒有悔怨之心，才是真正的喜歡。這樣，再來讀本篇的首章，孔子對於公冶長的評價，雖在「縲絏之中，非其罪也」，將自己的女兒嫁過去。這就是孔子的價值彰顯所在了，就是孔子的好學了。好學，就是好學「道」，為的是實現「仁」。

　　還是要強調，這一切需要心有所屬、心甘情願，這種道義的擔當是自己的自覺自願，不是對他人的要求，更不是強求。按照這個標準對號入座，真正能夠對得上「號」，入得了「座」的，就如孔子說的那樣，真是如此。這樣好學者的確不多，少之又少。因為少，更需要去追求、去靠近。

　　要知道，「心有所屬、心甘情願」值得細細品味。只要有這樣的心，無論做任何事情，就真的可以將自己的生命和那件事情的生命融為一體。而《論語》的生命，每每在它篇章之首和篇章之末，都有一個很深的呼吸在其中，讓我們慢慢品味，跟著它生命的脈搏一起跳動。

《論語》小學堂

季文子三思而後行。子聞之,曰:「再,斯可矣。」──《公冶長》

＊孔子認為思行要並重。很多人想得太多卻又躊躇不前,當斷不斷就會
　成為行動的絆腳石。

向上生長，向下扎根

在上篇《公冶長》中，它主要在告訴我們擁有「選擇與擔當」的重要性。公冶長雖然身在牢獄之中，卻不是他的罪過，孔子把自己的女兒嫁給他，這是孔子的選擇與擔當。對號入座，對照哪個號？對照「仁」的標準。由誰來入座？以孔門弟子為代表的人物。「仁」的本質是人的光明本性，是人的自覺，是我的覺知與超越，是我的選擇與擔當。接下來的問題就是，覺知與超越、選擇與擔當，為的是實現什麼？怎樣做才是有價值的？如何才能實現這種價值？

《雍也》這一篇，《論語》的第六章，接著這個話題往下講。要實現「仁」，發揮「仁」的意義和作用，理應向上生長，心繫家國天下，還需向下扎根，腳踏一方厚土。總之，是立己達人，有為有位。立己達人，向上生長，向下扎根，就是《雍也》篇的主要內容了。

向上生長：擔當與有為

本篇開篇，孔子評價雍也，認為他可使「南面」，可以為政做官：

> 子曰：「雍也可使南面。」

雍也：孔子弟子，字仲弓。南面：面南。古代以面向南為尊位，天子、諸侯和官員聽政都是坐北朝南。

孔子認為冉雍可以面南而坐，就是講冉雍可以出任一方長官。對於君子來講，具備才能的價值正是要為政、要出官入仕，有一份家國的擔當。

但是，「出仕」就僅僅是做官嗎？也不完全是。

有人問孔子：

> 或謂孔子曰：「子奚不為政？」子曰：「《書》云：『孝乎惟孝，友於兄弟，施於有政。』是亦為政，奚其為為政？」（《論語·為政》）

有人對孔子說：「你為什麼不參與政治呢？」孔子說：「《尚書》中說：『孝敬父母，友愛兄弟，將這種風氣影響到卿相大臣。』這也是參與政治。為

什麼一定要做官才是參與政治呢？」

為官一任，主政一方，自然這是參與為政的一種重要方式，但並不是唯一的方式。真正令政治有序有效進行，並使民眾產生強烈共鳴的，或許還是將熱切的視線投向平凡的日常生活，並對此持有正確態度和價值取向的人和事吧！

所以，關於為政，孔子賦予它一個更為寬廣的概念──行於天地生活間。看來，孔子眼中的為政，不再是專注政治治理本身，不侷限於權力的象徵與運用，它實實在在關乎衣、食、住、行，關乎人情往來的集聚，關乎如何和諧共處於同一屋簷下，匯聚於同一空間中。日常生活永遠都是主場，百姓永遠都是主角。自然而然，最為基本的生活之道莫出於孝親、莫出乎友情。親親為大，四海之內皆兄弟，引導並推廣此種風化，功莫大焉，這不是為政，什麼是為政呢？這是為政的根基，也是為政中的王者。

但是，在《雍也》這一篇，孔子評論「雍也可使南面」，他的確在講出仕為官的事情。出仕為官，也是中國古代讀書人心中至深的情結。如杜甫所言：

致君堯舜上，再使風俗淳。

杜甫有他的理想，他的理想是輔佐君王，成為堯、舜那樣的明君。回到唐、堯、虞、舜那個治世的時期，恢復「路不拾遺，夜不閉戶」的淳樸民風。

范仲淹也說，「先天下之憂而憂，後天下之樂而樂」。造福一方，為百姓、為他人帶來實際效益，這是「仁」的價值，是「覺知與超越」的意義，是「我的選擇與擔當」所應該做出的理性選擇。《論語》的邏輯、孔子的思維，都鼓勵一個人理應剛健有為，向上生長，心繫家國與天下，能夠有所擔當。

接著，孔子和仲弓（也就是冉雍）談起了子桑伯子。

子桑伯子是魯國人。孔子認為他還可以，評價了一個字「簡」。有人評價中國的文字是最接近存在的表達。什麼叫存在？存在就是自然萬物，就是人世百態。一個字本身就是一個世界，就是一個道體，一陰一陽之謂道。正面的表達，簡是簡明扼要，是簡單。但稍有偏差，就會走向反端，有怠慢的意思。

圍繞孔子所回答的「簡」字，仲弓提出了自己的見解。仲弓認為，為政一方，為官一任，心中要有誠敬之心，有深深的敬意，在此基礎上追求無為而治，簡明扼要，不擾民。

對於這一點，孔子的表達是：

> 民可使，由之；不可使，知之。（《論語·泰伯》）

按照傳統，這句話通常讀為：「民可使由之，不可使知之。」一個標點的差異，意義完全不同。這句話爭議極大，尤其近代以來，認為這是孔子奉行愚民政策的證據。如果按照傳統的理解，對於老百姓只需要讓他們好好幹活，不需要讓他們知道為什麼，真的是難以逃脫愚民的罪責。

那麼孔子的本意真是如此？傳統的理解有沒有問題？這需要對孔子思想做整體觀照，合之以情，也需要以其它文獻為佐證，曉之以理。在《孔子家語·入官》這篇，孔子曰：

> 君子蒞民，不可以不知民之性而達諸民之情，既知其性，又習其情，然後民乃從其命矣。

孔子認為，君子要做好管理工作，治理百姓，最重要的事就是要「知民之性」、「達民之情」。了解百姓的本性，又熟悉他們的處境，然後，他們才能聽從政令。百姓有怎樣的本性，有那些處境呢？

比如，百姓關注政策的公正合理、公開透明、一視同仁。百姓不喜歡官員高高在上的樣子，不願意去做好高騖遠、能力之外的事情。百姓們遵從自然規律，比如，春種、夏長、秋收、冬藏，這是自然的時節。知道日出而作、日落而歸，知道依照土地的秉性種植五穀。所以在這一點上，官員們儘管「無為」，儘管放手讓百姓去做。「民可使，由之；不可使，知之」，就是指百姓的日常起居要根據自然、時節來行事，而不能按照官員的主觀意願，違背自然，隨意安排。越是在搶收麥子的時節，越是安排百姓去祭祀，是收麥子重要，還是祭祀重要？在收麥子的時節，當然是收麥子最重要。這一點，官員們要知道、明白。正因為如此，才不要隨意地驚擾百姓。

所以，「民可使，由之；不可使，知之」，就是民性與民情，知道這一點，才能得民心。這是愛民，哪裡是愚民？

理解一個人的思想，不要片面地看，不要切割和過去、未來的聯繫，也不要忽略他所在的時代背景、歷史的傳承、前後左右的聯繫等。需要立體地感知，多方內容互為印證，關注其內在的關聯、發展的脈絡，做出客觀的理解與評價。否則就會盲人摸象，各執一端，看似講得慷慨激昂，實際多有偏頗之處。

所謂「民可使，由之；不可使，知之」這個道理，老子相關的表達是：

> 我無為，而民自化；我好靜，而民自正；我無事，而民自富；我無欲，而民自樸。（《道德經》）

在老子看來，如果為政者們順應自然，遵從大道，不給百姓添麻煩，不慾壑難填，百姓就會自然而然地感化，自然而然地守規矩，自然而然地富足，自然而然地純樸起來。這和孔子的思想完全一致。這些道理都是一脈相承的。

所以，孔子評價子桑伯子「可也」，一個字「簡」。孔子贊成簡明扼要、不擾民的施政方針，但是，好像又有一些意猶未盡。仲弓講了他的看法，他說：

> 居簡而行簡，無乃大簡乎！

不要因為一味追求簡要，而心存怠慢，也不行。做什麼都要把握好分寸，過猶不及。孔子認為仲弓說得很有道理，對他作出了肯定的答覆。

孔子和仲弓的這段對話有著極深刻的道理，一方面要把握好分寸，另一方面，做任何事情都不要將過程、方法誤會成終極追求。簡要本身並沒有意義，但若是透過簡要的政令，讓百姓更加安居樂業，簡要就富有了價值。但若是為了簡要而簡要，草率、魯莽，沒有調查研究，做不到實事求是，說到底還是一顆怠慢之心，南轅北轍。

再舉一個例子。據說，有些高中的老師和家長，在鼓勵孩子學習的時候，講了這樣的話：「再堅持下去，關鍵時候不能出狀況，好好學習，考個好大學。考上大學之後，就不用再學習了。」後來，果然很多學生到了大學就真的不學習了，也學不下去，找不到方向，迷失了目標，沒有動力源泉。

到底是為什麼考大學呢？就是為了考大學而考大學嗎？考大學本身並沒有意義，但若是在大學中學習新的知識，樹立理想與追求，為新階段的人生選擇提供動力，大學生活就有了意義。

在任何處境、任何階段都是如此，若是為了考大學而考大學，為了工作而工作，為了生活而生活，將過程當終點，就失去這件事應該有的意義和價值了。

向下扎根：立身的資本

我們先哲的思想體系，講求兩兩相對，提到向上生長，心繫家國天下，擔當與有為，就必然要向下扎根，要真正能夠擔得起，真正具備擔當的能力。

孔子還是和仲弓談話，這次是關於「牛」的話題。

> 子謂仲弓，曰：「犁牛之子騂且角，雖欲勿用，山川其舍諸？」

不僅人間有著門當戶對的概念、有達官貴人與平民百姓的分別，牛也有。犁牛與作犧牲之牛同樣也有門戶的區別。古時侯，對於牛來講，牠的光榮使命就是被祭祀使用。但也不是隨便一頭牛願意犧牲，就可以犧牲。

有一頭牛，雖然出身在一個普通的家庭（犁牛），卻長著一身赤紅的毛，有一對整齊端正的角。人有「一表人才」之說，聽孔子的描述，這頭牛可以稱得上是「一表牛才」。

儘管這頭牛長得「一表牛才」，可是，按門戶來講，牠沒有資格作犧牲。但是，就是因為牠長得「一表牛才」，山川之神難道會捨棄牠嗎？山川之神當然不捨得捨棄。牛都是如此，何況人呢？所以，孔子曰：

> 不患無位，患所以立。不患莫己知，求為可知也。（《論語‧里仁》）

不用憂慮沒有位置，需要憂慮的是，自己有沒有立足的能力。不用憂慮別人不了解自己，應該憂慮的是，自己有沒有足以讓人了解自己的德行與才能。

若是一個人有了能夠立足的能力，有了被人知曉的能力，還要思考一個問題，有沒有才能是自己的事，能不能遇到好機會，是天時、是機遇、是時機，要知道「人不知而不慍，不亦君子乎」這樣的觀點。正如荀子所云：

> 君子能為可貴，不能使人必貴己；能為可信，不能使人必信己；能為可用，不能使人必用己。故君子恥不修，不恥見汙；恥不信，不恥不見信；恥不能，不恥不見用。是以不誘於譽，不恐於誹，率道而行，端然正己，不為物傾側：夫是之謂誠君子。（《荀子·非十二子》）

能夠做到品德高尚被人尊重，但不能要求別人一定、必須要尊重自己；能夠做到誠信而被人信任，但不能要求所有人一定相信自己；能夠做到有能力而可以被人任用，但不能保證別人一定任用自己。君子不被榮譽、誇讚所誘惑，不飄飄然不知其所以然，也不被誹謗所嚇退，遵循道義做事，端然正己，不被外界事物弄得神魂顛倒，這叫做真正的君子。

接著許多問題就有了答案，有人說儒家宣導「仁義禮智信」，但問題是，若是我對他仁，他對我不仁；我對他義，他對我不義；我對他有禮，他對我無禮怎麼辦？按照荀子的邏輯，就是君子能做到自己對他人有仁愛之心，但不能要求別人一定要仁愛自己；能做到對他人有禮，但不能要求別人一定要有禮於自己。盡到自己的本分就可以，剩下的一切，老天自有安排。

老子說：

> 夫物芸芸，各複歸其根。（《道德經》第 16 章）

這句話還有一個相近的表述，即「天道圓圓，各歸其根」，二者其實表達的意思是一致的。天道是圓圈式的循環著。一江春水向東流，還是會流回來。黃河之水天上來，天上之水由人間至。一切的因果，還是會在自己身上驗證。種瓜得瓜，種豆得豆。一名君子當然要自立有為，然而，一名君子具備能夠立的能力，但是有些情況是「有所不為」，下個故事就是如此。

君子有所不為

故事的主角是閔子騫：

> 季氏使閔子騫為費宰。閔子騫曰：「善為我辭焉！如有復我者，則吾必在汶上矣。」

孔子希望弟子們心繫家國天下，出仕入官，有所擔當，造福百姓。若是機會來了，要抓住機會，一展身手。接著，做官的機會真的來了，季氏希望閔子騫出任費宰。費是季氏的封邑。但是，閔子騫卻拒絕了。他請使者向季氏好好地說，婉言推辭。

閔子騫的態度很堅決，他對使者講，如果季氏再來召我，我就跑到汶水那邊去了。看來，閔子騫的拒絕不是客套，是誠心誠意地拒絕、果決地拒絕。

這是為何？

這其中自有深意。品德高尚的君子，具備為政的才能和能力，並不意味著必然要出仕為官，如孔子所說：「義同而進，不同而退。」志同道合者，定是要全力以赴，可以效犬馬之勞。相反地，道不同，不相為謀。

孔子到了衛國，衛靈公向他請教一個問題：

> 衛靈公問陳於孔子。孔子對曰：「俎豆之事，則嘗聞之矣；軍旅之事，未之學也。」明日遂行。（《論語·衛靈公》）

陳：通陣，軍師行伍之列。俎豆。俎和豆，古代祭祀、宴饗時盛食物用的兩種禮器，亦泛指各種禮器。這裡的俎豆之事，指祭祀禮儀之事。

衛靈公向孔子請教關於行軍打仗之事，孔子說他不知道。他說關於祭祀禮儀方面的事情，我曾聽說過；軍隊方面的事，從來沒有學習過。關於軍隊方面的事情，孔子真的不知道嗎？

根據《孔子家語·相魯》篇記載，魯定公與齊景公在夾穀盟會，孔子擔當為定公相禮的任務。他說：「有文事者，必有武備；有武事者，必有文備。」他不僅如此說，還為定公的此次出行進行了周密的部署。面對強橫的齊國，孔

子既智且勇，不卑不亢，堅持以禮制行事，維護了魯國的尊嚴和國家利益，迫使齊景公返還長期侵佔的魯國土地，亦成就了孔子政治生涯的頂點。

看來，對於文武之事，孔子深曉。孔子渴求有明君的賞識，那為何當衛靈公相問的時候，他又說自己不知道呢？這和孔子的理想、追求、信念緊密相聯。

如果說孔子是一位「思想家」，他首先是一位「政治思想家」，其思想的特徵就是將關注的目光落在社會治亂問題上。孔子的理想或者信念，就是社會的「大同」或者「大順」。實現於此的方法，就是「為政以德」。他希望能夠解決社會治亂，當然不希望亂上加亂。所以，對於「軍旅之事」，他說不知道，其實是不贊成。

關於「用兵」這件事，老子這樣講：

> 以道佐人主者，不以兵強於天下。其事好還。師之所處，荊棘生焉。善者果而已，不敢以取強。（《老子》第 30 章）夫兵者，不祥之器也。物或惡之，故有道者不處。（《老子》第 31 章）

用「道」輔佐君主的人，不靠兵力逞強於天下。用兵這件事是有報應的：軍隊所停駐的地方，田地裡會長滿荊棘。善用兵的只要能夠達到基本目的就應該停止，不要耀武揚威……；兵器是不祥的東西，大家都厭惡，所以有道的人不該使用。

既然道不同不相為謀，且有所不為，才能有所為。第二天，孔子一行就離開衛國。對於一名君子來講，對他人格的考量，其中一個非常重要的方面，即使面對既得的利益，也不動如山。孔子是如此，閔子騫亦是如此。

在孔子眼中，一名有擔當的臣子、一名真正的大臣，應該以道事君，不可則止，有著堅定而獨立的政治品格。對於「弒父與君」的情況，以下犯上之人，無論給多少俸祿，當多大的官，也堅決不跟著這樣的「長官」做事。季氏自身就不守臣道，對魯君不敬，結果是上樑不正下樑歪，自己的屬下同樣不守道，屢叛季氏。季氏是「身不用禮而望禮於人，身不用德而望德於人」。自己不厚道，卻希望找個厚道人為自己盡忠，閔子騫不接受這種事。

知命，安於命

有沒有才能是君子應該自身反省的問題，但能不能遇到好機會，卻又是另一件事情。不僅從政是如此，生命本身就是如此。在天空與大地之間，對於命，人真的就能夠完全把握嗎？

伯牛有疾，子問之，自牖執其手，曰：「亡之，命矣夫！斯人也而有斯疾也！斯人也而有斯疾也！」

伯牛生病了，孔子前往探望，在屋的南窗外握住他的手。有人認為伯牛病得很厲害，孔子在見伯牛最後一面，與之訣別。還有一說是伯牛患了傳染病，從窗戶探望，這是對孔子的尊重和保護。

關於「亡之」，有人認為是「無之」，伯牛沒有得此病之道。又有一說：亡，喪也，其疾不治，將喪此人。事實上，既無得此病之道，此病又在身，還病得很重，命將亡，這只能歸於「命」，這就是命啊！

知曉命的無常，不是悲觀主義的認命，而是對於命的理性認知。人需要提升的是認知真相、接受現實的能力。如此，才可心無罣礙，沒有恐懼。不管面對的是什麼，接受就好了。不僅是接受，而且要活得美好，隨所住處恆安樂。顏回即是如此。

子曰：「賢哉，回也！一簞食，一瓢飲，在陋巷，人不堪其憂，回也不改其樂。賢哉，回也！」

在孔子看來，「貧與賤，是人之所惡也」，每個人都不喜歡。這每個人之中自然包括美德的擁有者，姑且稱之為君子；也包括道德低下者，姑且稱之為小人。儘管君子和小人都會遭受貧賤，但他們的態度、行動是不同的。君子不會因為身處富貴而飄然自傲，也不會因為貧賤而崩潰。

小人會將富貴看成自傲的資本，將貧賤當成是不幸的懲罰，進而怨聲載道，就是孔子所說的「人不堪其憂」，一般人受不了「一簞食，一瓢飲」，粗茶淡飯，再加一杯白開水。所以，孔子曰：「富而無驕易，貧而無怨難」，而「貧

而樂」更是一種可貴的品質。不是為了追求「樂」而鼓勵「貧」，而是無論現狀是什麼，都應該安於並實現「樂」。在貧中亦是如此。

所以，一名君子，既仁且智者，將由自覺到覺他，因自知而自在。

> 子曰：「知者樂水，仁者樂山；知者動，仁者靜。知者樂，仁者壽。」

於山，於水；於動，於靜；於人，於物；於張，於弛……，一切都自然而然。如此者，自然行而可樂，樂得其壽，頤養天年。

立己達人，旋轉式行進

在本篇的末章，是子貢與孔子的對話：

> 子貢曰：「如有博施於民而能濟眾，何如？可謂仁乎？」子曰：「何事於仁！必也聖乎！堯、舜其猶病諸！夫仁者，己欲立而立人，己欲達而達人。能近取譬，可謂仁之方也已。」

子貢向孔子請教，如果能將博愛遍施於百姓，緊急時又能救濟大眾，如何呢？這樣做可以稱得上是「仁」嗎？孔子認為，如果能夠做到「博施於民而能濟眾」，將博愛遍施於百姓，緊急時又能救濟大眾，何止是「仁」，「聖」也不過如此。但要真正做到這個地步，對堯、舜來說都是難的。看來，「博施於民而能濟眾」是人生最高境界，成仁即為成聖。

要做到「博施於民而能濟眾」，必須有一個前提，就是自己要「有」才能施於民，濟於眾，需要「己立」、「己達」，自己立，自己達。

如何實現己立、己達？孔子曰：「己欲立而立人，己欲達而達人」。「立人」、「達人」是實現「己立「己達」的源動力、是起點，也是目的地。天道圓融，復歸於樸。走了一圈，還是要回來，回到出發點，出發點就是目的地，恰恰是源於回到出發點。那些身邊事、那些最小的事，往往是通往最高境界的康莊大道。這或許就是孔子所說的「能近取譬，可謂仁之方也已。」

讀到本章，再和本篇的首章參照看。首章，子曰：「雍也可使南面」，孔子認為冉雍可以面南而坐，出任一方長官。接著問題就來了，出任一方長官到底是要做什麼？自是要為官一任，造福一方，就是要「博施於民而能濟眾」，要「立己達人」。想實現需要「能近取譬」，從現在做起，從小事做起，從自己做起，需要「向上生長，向下扎根」。至此，可謂首尾呼應，一脈相承。

《論語》小學堂

樊遲問知。子曰：「務民之義，敬鬼神而遠之，可謂知矣。」——《雍也》

＊學習的目的，是為了解決現實生活的難題，學行合一是孔子很重視的
部分。另外，雖然孔子推崇周禮，但他並不迷信，提出了「敬鬼神而
遠之」的主張，否定傳統的神權觀念，告誡世人要實事求是。

第七章

繼往開來

《述而》   第七

　　《論語》第六篇《雍也》篇主旋律是「向上生長，向下扎根」，於是有了天地、空間的概念。《論語》第七篇《述而》則從時間的角度看文化的傳承。

　　本篇的主旨可以說是「繼往開來」，說的是文化的傳承問題。「濟古」，就是「濟於古」，在古代文化中汲取營養。我們從歷史中走來，從傳統中走來，應該從歷史與傳統中汲取營養，這便是「濟古」。汲取營養做什麼？為的是「維來」，開創未來。

「述而不作」是「一」的繼承

　　本篇的開篇，記載孔子說自己「述而不作，信而好古」。很多人據此說孔子「沒有什麼著作」，是理解得太膚淺。

　　對此存在的誤解自古以來就有了。孔子死後不久，墨家就對儒家進行非議，在批評所謂「孔子所制定的禮儀繁雜」的同時，認為應「述而且作」。其實，孔子生前就以博學而聞名。孔子繼承古代文化並使之垂之永久。著名歷史學家李學勤先生在研究《春秋》時也說過孔子的工作是「以述為作」。孔子繼承並重新解釋了他以前的歷史文化，從而使古代的「道術」得以發揚光大。

　　如何「繼往開來」？就要透過「述」與「作」，透過「傳」與「承」，承前啟後，繼往開來。也許真的如人所說，沒有不好的傳統文化，只有不好的傳統文化的繼承者。善於繼承傳統文化的人，一定會抓住古代文化的「真精神」，弘揚先聖先哲的學術「大道」與根本。

　　在我們的先祖看來，人是天地之精華，但人不會出於天地之外，所以，人要尊重天地，同時也仿效天地、效法天地。因此，天、地之德成為中國先民力量的源泉，天道自強不息，地道厚德載物。由天、地之德懂得自己的擔當與使命，明達職責與追求。就在天地之間，形成了兩兩相對的思維模式。

　　所謂「兩兩相對」，本是由「一」或者「太一」而來。古代典籍中有不少相關的論述。例如：

《孔子家語·禮運》：「禮必本於太一，分而為天地，轉而為陰陽，變而為四時，列而為鬼神。」

《周易·序卦傳》：「有天地，然後有萬物；有萬物，然後有男女；有男女，然後有夫婦；有夫婦，然後有父子；有父子然後有君臣；有君臣，然後有上下；有上下，然後禮儀有所錯。」

《郭店楚墓竹簡·太一生水》：「太一生水。水反輔太一，是以成天。天反輔太一，是以成地。天地複相輔也，是以成神明。神明複相輔也，是以成陰陽。陰陽複相輔也，是以成四時。」

《孔子家語·禮運》記載的這些話出於孔子。將孔子之言與《周易·序卦傳》、《郭店楚墓竹簡·太一生水》合觀，就會發現思想是一貫的，這對於認識許多學術問題，例如《太一生水》的學派屬性等，都有價值。

天與地是一對，陰與陽是一對，男與女是一對……還有，生與死是一對，動與靜是一對，本與末是一對，先與後是一對，心與身是一對，知與行是一對，高與低是一對……，這些兩兩相對，看似兩端，本質是參照連動，它們依存轉化、成長、不可分割，骨子裡透著高度的統一。

為什麼會這樣？老子說得好：

道生一，一生二，二生三，三生萬物。（《道德經》第 42 章）

兩端由「一」而生，也就是講，它們本身就是一體兩面，如同一個硬幣，有正有反，就是一個統一體，就是「一」。所以，孔子講：

吾道一以貫之。（《論語·里仁》）

道是由「一」來貫通的。「一」是什麼？老子講得非常清楚，他說：

天得一以清，地得一以寧，神得一以靈，穀得一以盈，萬物得一以生，侯王得一以為天下正。（《道德經》第 39 章）

對於天來講，「一」就是清。天應該清，應該是藍天白雲，晴空萬里，但是現在有霧霾，就很麻煩。對於大地來講，「一」就是安寧。大地如果有點動

靜，大家都很緊張。對於神來講，「一」就是靈。常言道「神靈，神靈」，神若是不靈了，人們還拜神幹嘛呢？無論是哪座山、哪座廟香火旺，一個非常重要的原因，就是據說那裡的神很是靈。對於穀物來講，「一」就是盈滿，就是五穀豐登，大豐收。對於萬物來講，「一」就是生，是生命，是生存，是生活，是生生不息。對於掌握權力的侯王來講，「一」就要為「天下正」，成為天下人的示範與導向。

這樣看來，「一」就是本性。失去了本性，就失去了立足的根本。在立足本性，立足「一」的基礎上，站在由「一」生出的任何一端都沒有問題。明白了「一」，明白了「一生二」的道理，就意味著，我們看問題的角度要有「一」的格局，這個「一」是大「一」，也就是整體的眼光，系統的思維，統籌兼顧，一以貫之。不能「二」，人一旦「二」起來就很麻煩。

有些人每每談到「德」，就否定「法」。談到「義」，就否定「利」，這種思維就有問題。還有一些人動不動就問到底是德更重要，還是法更重要？到底是義更重要，還是利更重要？到底是情感更重要，還是理智更重要？凡是提出諸如此類問題，就相當於問，到底是天更重要，還是地更重要？到底是太陽更重要，還是月亮更重要？到底是白天更重要，還是晚上更重要？到底是爹更重要，還是娘更重要？

之所以有這些問題，千百年來，爭執不休，沒有滿意的答案，站在任何一端講起來都是有理有據。實在是因為，問題的癥結在於問題本身有問題。當問題本身有問題，怎麼會有正確的答案？我們要好好體悟「一」，把握「二」，而不是說就是「二」，然後背離「一」。

基於這樣的認知，再來看歷史與未來、傳統與現代、繼承與創新。它們同樣是一個整體，兩兩相對。沒有歷史，如何談未來？沒有傳統，哪裡有現代？沒有繼承，怎麼能創新？反過來看，立足傳統，是為了更好地為現代人、為今日的時代服務，也是一樣的道理。怕的是有些人一個衝動穿越到幾千年前，回不來，脫離了今天，這也很麻煩。

只有根植於中華文化的深厚土壤，發展的動力才可強足；在繼承的基礎上，創新才有後勁；立足於歷史的綿延之中，有五千年甚至更長的文明為我們做靠山，我們才有精神氣力，自信而尊嚴地面向世界。這就是「繼往開來」的價值所在。

本篇開篇，孔子自言自己「述而不作，信而好古」，孔子是不是「厚古薄今」？如果有這樣的誤解，真是不應該！

孔子說：「述而不作，信而好古，竊比於我老彭。」述：遵循、繼承的意思。作：創造、新生的意思。竊：私自、暗中。老彭：殷商時代的賢大夫，也是一個好述古事之人。在這裡，對孔子的文化觀的表述非常明確。

孔子說自己是「述而不作，信而好古」，他希望能夠存續先王之道。先王之道，就是古時侯的「道」，放在今天還有用嗎？

這樣問，就如同今日很多人疑問傳統文化的存續有無必要。即便是孔子文化，距離現在也有兩千多年的時光，還有什麼用呢？一百年前，辜鴻銘先生作了形象的比喻，就像數學的加減乘除，他說兩千年前三三得九，兩千年過去了，難道今天三三得了十不成？他認為先哲的觀念具有時空的超越價值。是的，是要抓住傳統文化的「大節」，而不是細枝末節！例如，兩千年前先哲們宣導「父慈子孝」，難道今天我們要欣賞「眾叛親離」嗎？老子提醒我們要知常，若是「不知常，妄作」，就有一個「凶」字等著你。

何為「常」？常就是常識，就是常理。常就如有一個懸崖，有人提醒大家不能靠近，如果靠近就會非常危險。可是，有一個人說他不相信，就要靠到懸崖邊，看看懸崖下面到底有什麼。如此「不知常」，結果就是險象環生，甚至萬劫不復。

今日許多人喜歡談創新。好像一提到「創新」，就等同於奮發向上。但是，他們以為同時還要排斥傳統，仿佛一提到「傳統」，就是「拉歷史的倒車」。孔子為什麼「好古」，難道是因為他「迂腐」、因為他是「封建衛道士」？

那麼，我們就先來讀一讀，在孔子所生活的年代，在他的「古」之中，他看到了什麼？孔子在擔任魯國的司寇期間，曾參與蠟祭活動。蠟祭，於每年的臘月舉行，祭祀各種神靈。相禮完畢以後，他在宗廟的大觀樓前駐足，情不自禁地歎息。言偃正在旁邊陪侍，問道：「先生為什麼歎氣？」孔子說：「在以前，大道盛行的時代，也就是夏、商、周幾位賢明聖王當政的時代，我都沒能遇到，但相關的記載還在。」

其中記載了什麼？孔子講了下面的話：

> 大道之行，天下為公，選賢與能，講信修睦。故人不獨親其親，不獨子其子。使老有所終，壯有所用，矜寡孤獨，皆有所養。貨惡其棄於地，不必藏於己；力惡其不出於身，不必為人。是故謀閉而不興，盜竊亂賊不作，故外戶而不閉。是謂大同。（《孔子家語·禮運》）

在那個被稱為「大同」的時代，「大道之行，天下為公，選賢與能」，賢能的人可以被任用，說明社會是公平的、正義的。「講信修睦」，說明民風是淳樸的。「人不獨親其親，不獨子其子，老有所終，壯有所用，矜寡孤疾，皆有所養」，說明整個社會是溫暖的，是關注弱勢群體的。那些財物，只心疼它不要白白浪費，但不一定為自己所有，說明人的私心還不是那麼大。

做一件事情，痛恨自己沒有為這件事情出一把力，看來那時的人有著很強的公德心。但是，不見得所有的人都會為他效勞，說明人是有底線的。最後的結果就是，陰謀詭計這些事情不會發生，外出的時候大門也不用關閉，說明大家生活在一個非常有安全感的社會當中。這樣的時代，真的很美好。如老子講的那般：

> 甘其食，美其服，安其居，樂其俗。（《道德經》·第80章）

安居樂業，這種「大同」的世界，美好的生活，是所有人共同的嚮往與追求。兩千年前人們嚮往，今天仍然嚮往。有這樣的志向在心中，孔子自然是「好古」，他真正想要的是那個「天下大同」的理想與追求。

信念與追求要化為具體的行動，就要有實現的載體，正如過河要有工具。《詩》《書》《禮》《樂》《易》《春秋》就是文化的載體，孔子投入一生精力學習、理解、傳授、弘揚。孔子說自己「述而不作」，他真的就沒有「作」，沒有創新與發展嗎？當然不是，他是「寓作於述」、「以述為作」，將傳與承、古與今、述與作融為一體。他刪詩書，定禮樂，贊《周易》，修《春秋》，以此作為傳續道統的載體，一方面全力存續中華文化曾經創造的文明成果，同時，他在為真正的「創新」積累儲備，使其靜深有本，綿延不絕。

這樣看來，孔子的確是個「衛道士」，但這裡的「衛道士」是至高的褒義。只有真正把握大道，創新才有意義。所以，創新沒有問題，要明白的是，無論是創新，還是信古，都是為了更多地造福於我們所生活的時代、造福於他人，有了這個立足點，本著這個「一」，再來思考傳與承、古與今、舊與新的關係，就沒有問題。相反地，偏其任何一端都很麻煩。

孔子不僅「述而不作，信而好古」，還「默而識之，學而不厭，誨人不倦」。

子曰：「默而識之，學而不厭，誨人不倦，何有於我哉？」

有「默而識之，學而不厭」，才可繼承往昔。透過「誨人不倦」，才能開創未來。繼往開來，古往今來就由此而來。我們所看到的是，中華文化的根脈如「木欣欣以向榮，泉涓涓而始流」，淵遠流長，奔騰不息。

孔子夢周公

在淵遠流長、奔騰不息的時間長河中，還可以將鏡頭拉近，由夏、商、周的三代英傑，定格到周公。孔子曰：

甚矣吾衰也，久矣吾不復夢見周公！

孔子說自己已經衰老得不成樣子了，很久沒有夢到過周公了。聽這語氣，看來他以前常常夢見周公。歷史上有許多著名的關於夢的記載，如「莊周夢蝶」，一隻栩栩然的蝴蝶，不知是牠飛進了莊周的夢中，還是莊周進了蝴蝶的夢中。有「莊周夢蝶」這樣美好的夢，還有黃粱一夢、南柯一夢等等。

所謂日有所思，夜有所夢。是什麼使得孔子對周公魂牽夢縈？孔子夢周公寄寓著怎樣的心思與嚮往？這要回到周公是何方人氏，回到孔子生活的時代，以及供養他的那一方厚土。

周公，是周文王的兒子、周武王的弟弟、周成王的叔父。當年，周公在談到自己的這一身份時，曾說：「我於天下亦不賤矣」。周公的身份豈止「不賤」，事實上，他是當時地位最為尊貴的人。

周公德才兼備，一生輔國安邦。在文王去世以後，他盡心竭力輔助武王。武王去世後，成王即位，他又輔助成王。他建立了周王朝一整套完備的典章制度，即禮樂文明，使周王朝的政治徹底走上正軌。成王即位七年之後，已經可以獨立處理政務，周公於是把政權正式交還成王。「周公吐哺，天下歸心」，就由此而來。

孔子與周公很有緣分，孔子的出生地，就是周公的封地，魯國（今日的曲阜）。因為魯國是周公的封地，源於周公的地位，魯國祭祀周公，可以配享周天子的禮樂，魯國保存著完備的周禮，擔負著傳播禮樂文明的使命，這一切對孔子有很大的影響。孔子「崇周」，嚮往「鬱鬱乎文哉」的「周公之治」，他孜孜以求的便是周公的事業。在孔子心目中，周公是離他最近的，最為令人敬服的古代聖人，他日思周公之德，所以，其經常夢見周公。

到了晚年，孔子的理想有沒有實現？事實是沒有。此時，他感歎自己老了，「久矣吾不復夢見周公」，孔子發出這樣的慨歎，一則可能確是實情，但更可能是孔子對「道」之不行的隱喻性表白。

讀到這裡，令人內心有幾分傷感。孔子自言自己老得不成樣子了，很久沒有夢見周公。仿佛是已經精疲力竭，旅程已經近了終點，前面已經無路可走。但是接著，孔子還是表明他的意向。

子曰：「志於道，據於德，依於仁，游於藝。」

志：心之所之之謂志。據：執守的意思。執守於美德。依：不遷不移。保持人性的自覺，有一顆仁愛之心。遊：涵泳於六藝，即《詩》《書》《禮》《樂》《易》《春秋》。

意志沒有終點，從未改變。陳言舊語剛剛消散在舌尖，新的樂章又奏響在心田。這其中有道德的理性，有人性的自覺，還有藝術的價值。這樣的生活方式，具有無與倫比的榮耀，它憑藉信仰存活在似水流年中，人生就有了堅守，有了至高的追求，也有了不可跨越的底線。

品悟生命的至高追求

孔子是個坦誠的人。他說：

> 富而可求也，雖執鞭之士，吾亦為之。如不可求，從吾所好。

既然「富與貴，是人之所欲」，孔子表明自己的態度，對於「富貴」，自己也不例外，同樣渴求。他明白地說：「如果富貴是渴望就可以追求到的，雖然做個執鞭之士，我也去做。」

在古代，有幾種情況需要人執鞭：一是為王公貴族出行執鞭開道；一種是為市場執鞭守門；還有就是春天耕田，牛若是偷懶，就要給他幾鞭子。總之，都是苦累的差事。可是，吃苦受累都不怕，富與貴就可以實現嗎？也未必。

理想與現實之間有多遠？想要與得到之間有多遠？如何在雙方之間理性把握、駕馭、平衡，實在是需要一雙可以透視的靈眸，透過現象，超越理想與現實的距離，超越渴望安享與實際的距離，回到生命的本質上來，即為「從吾所好」。做自己想做的事，就是最高追求、是生命的至高意義。

孔子是真善美的追求者，他說：

> 「朝聞道，夕死可矣！」

孔子是真善美的鑒賞者，他評價《韶》樂是盡美又盡善。而《武》樂是「盡美矣，未盡善也」。同時孔子還是真善美的擁有者與享受者。

> 子在齊聞《韶》，三月不知肉味，曰：「不圖為樂之至於斯也。」

在齊國，孔子聽到了盡善盡美的《韶》樂，他全然地投入，深情地癡迷，竟然「三月不知肉味」，在一個至善至美的境界中物我兩忘。他說自己「沒有想到音樂能達到這樣的境界」，那個境界，的確是存在，有境界者才能到達。

據說，貝多芬在完成第九交響曲後，有人問他其中的含義，他沉默以對，所能做的就是再彈一遍，當問的人還要追問美在哪裡時，貝多芬只有落淚以對了。有位研究貝多芬的作家說得好：「任何人想創造或欣賞璨溢之美，就必須

能直透心靈深處，否則將永難達此境界。」古今中外，人同此心，心同此理。

聽音樂如此投入，做人也是一樣。

葉地的長官曾問子路：「你老師是怎樣一個人？」子路答不出來。孔子對子路講，你為什麼不告訴他：

> 其為人也，發憤忘食，樂以忘憂，不知老之將至云爾。

「發憤忘食，樂以忘憂，不知老之將至」，這是孔子聞道、行道、佈道，全身心投入的最佳寫照。映照著覺醒的靈魂，呈現出最初的歡悅。在歡悅之中，不怕遙遠艱辛，穿過山河林地，他行進如馳，而又心如止水，心無旁騖。他消散在遠方的碧靄之中，雲水間透出霞光萬丈。

孔子的素描

本篇的末章，是一幅孔子的素描：

> 子溫而厲，威而不猛，恭而安。

他溫和中透著威厲，威厲並不兇猛，謙恭並且安詳。這是孔子恭行君子的最佳寫照。

在本篇的首章，說孔子自言：「述而不作，信而好古」。孔子之所「述」，「述」的是先王之道，先王之道是「王道」，是「中道」。兩兩相對，如溫與厲、威與不猛、恭與安皆為相對之詞，常人有其一，難有其二。這看似矛盾的兩端，向深處尋，本質上透著高度的統一。唯其有修養、有境界的人方可把握、承載，且自然而然。孔子是如此，風度、神韻盡在其中。

孔子就是這樣，他就在「濟古」與「維來」之間，在這「述」與「作」、「傳」與「承」之間，孔子於古、於今；於教、於學；於家中、於路上，成為恭行君子的最佳寫照。

所以，孔子好「先王之道」。「先王之道」在哪裡？僅僅是在那些書本之上嗎？當然不是。「先王之道」是有生命的，孔子自己就是「先王之道」在那個時代的生命載體。感知生命，需要將生命融入生命，懷有無限的敬意與溫情，走進先賢聖哲，走進孔子。幾千年過去了，但是他們心脈的搏動仍然張弛有力，他們的呼吸吐納仍然靜定安詳。

孔子述而不作，傳承文明，就是要造就這樣的君子。

《論語》小學堂

子曰：「奢則不孫，儉則固。與其不孫也，寧固。」 ──《述而》

＊世風日下，許多為政者不守禮法之外，生活豪奢，孔子對此很不以為
　然；他認為縱然過份節儉會使人感覺固陋，但比較起來，奢侈造成的
　危害更大。

第八章

遠宗其道

《泰伯》  第八

　　《論語》第七章《述而》主要講述與作、傳與承,孔子自言:「述而不作」,其實他在述中有作,在傳述的過程中,進一步總結與發揚。孔子總結與發揚的內容就是「堯舜之道,文武之法」,致力於傳續先王之道。

　　本篇是《論語》的第八章《泰伯》,隨著時光機繼續向前延伸,他要到歲月的深處,尋覓美德,遠宗其道,風化社會人心。

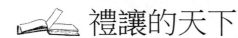 禮讓的天下

　　《泰伯》開篇說:

　　　　子曰:「泰伯,其可謂至德也已矣。三以天下讓,民無得而稱焉。」

　　本章的主角為泰伯。泰伯,何許人也?孔子誇他「至德」,擁有最高的德。

　　泰伯,周太王古公亶父的長子。古公亶父生有三子:泰伯、仲雍與季曆。季曆的兒子即為姬昌,也就是周文王。傳說太王見姬昌小時候就有聖德之氣象,希望將來姬昌可以繼位。可是,要實現這個願望,需要打破慣例。

　　按照周代的宗法制度,要實行嫡長子繼承制。古公亶父的王位應該傳於泰伯。可是因為姬昌,古公亶父希望將位傳與他的小兒子季曆,為的是便於將位傳於姬昌。泰伯清楚父親的心事,為實現父親的願望,不使父親為難,便同二弟仲雍出走至吳地,於是季曆即位,後傳位於姬昌,是為周文王。

　　禮讓天下,就有可能造就充滿禮讓的天下!禮讓天下,是為至德!

　　讓,可以讓功名利祿。讓,可以是內心的誠敬與禮讓。孟子云:「辭讓之心,禮之端也」。原來,大讓可以大到「讓天下」。

　　事實上,在中華民族的文化之中,「讓天下」的傳統由來久矣,自堯開始就有明晰的記載:

堯讓天下於許由，曰：「日月出矣，而爝火不息，其於光也，不亦難乎？時雨降矣，而猶浸灌，其於澤也，不亦勞乎？夫子立而天下治，而我猶屍之，吾自視缺然。請致天下。」（《莊子・逍遙遊》）

無論是功還是名，大之又大者，莫過於有天下。多少人為了爭天下而兵刃相接，甚至兄弟成仇、父子反目。倘若可以得天下，誰能讓？誰又能辭之？這裡，堯和許由就讓來讓去，且理由充分。

許由，相傳是堯那個時期的隱士，賢聖之人。堯很自謙，他將自己的功說成是燃燒不息而又火苗微弱的「爝火」。這微弱的火苗怎麼能和日月之光相比呢？他將自己的所勞、自己的付出比喻成是人工澆水灌地，這人工的澆水灌地又怎麼能和天降時雨相提並論呢？所以，他認為若是許由君臨天下，天下將大治，如日月之光常明，如時雨之降常潤。自己只是個擺設，空居其位，自己也認識到不足，請允許自己將天下交出來，交給許由。

面對堯誠心讓出的天下，許由並不心動，講了一番誠懇的話：

子治天下，天下既已治也，而我猶代子，吾將為名乎？名者，實之賓也。吾將為賓乎？（《莊子・逍遙遊》）

在許由心中，堯治理天下，天下已經得到大治。我許由出山來取代堯，是為了「名」嗎？「名」是「實」所衍生出來的次要的東西。這個是我想追求的嗎？他說：

鷦鷯巢於深林，不過一枝；偃鼠飲河，不過滿腹。歸休乎君，予無所用天下為！（《莊子・逍遙遊》）

在許由看來，一隻鷦鷯鳥飛入森林，牠可以擁有整個森林。可是，牠若是安家定居，只能在一根樹枝上築巢。偃鼠，一隻小海鼠，到河邊飲水，即便牠擁有整條河流，也不過能灌滿肚子。勸君打消念頭，天下對我來說實在沒有用！

世人尚爭，大者爭天下，小者爭功名利祿。這一切好像都是爭還爭不到，可是，古之賢達為何不爭，而要讓？許由的這番話講得再清楚不過了。

縱有廣廈千萬間，所需安放的也不過是七尺之軀。而有人有十幾套、幾十套、上百套房子，反而輾轉難眠，其實是莫大的諷刺與悲哀。縱有山珍海味千萬種，所求的也不過是一腹之飽。「名」與「實」之間有多遠？需要和想要之間有多遠？實在是需要一顆明心、一雙慧眼，取其實，不取其華，守其所遇，安其所居。

泰伯「三以天下讓」，就是屢次相讓，最後不得不以「逃離」來實現讓。這不是禮節上的推讓，不是客套，是誠心誠意地讓。

將權力交到最應該擁有它的人手中，實現願望，以最高的德實現願望，即為至德。這麼美的德，百姓都沒有怨言了。

力求美德的中正

讓，是禮的根基，是禮的起源。孔子曰：

> 能以禮讓為國乎？何有？不能以禮讓為國，如禮何？（《論語・里仁》）

在孔子看來，若是能做到以禮讓來治理國家，有什麼難的呢？若是做不到，又如何談禮呢？接著，孔子講到很多美德，如「恭、慎、勇、直」，但它們都要求以「禮」為標準，不能離開「禮」。他說：

> 恭而無禮則勞；慎而無禮則葸；勇而無禮則亂；直而無禮則絞。

勞：勞煩，勞擾，囉哩囉嗦。葸：膽怯，畏懼，畏畏縮縮，唯唯諾諾。絞：挑剔，急切偏激，尖酸刻薄。恭與勞、慎與葸、勇與亂、直與絞，相近亦相連，需要用禮來把握、掌控。

其實，某些美德似乎暗示著相應的惡習，比如，自信與自負離得很近，謙卑和自卑長得像，無慾則剛與不思進取有時難以分辨。所以在推薦一種美德的時候，應該權衡如何避免其相應惡習的產生，用最恰當的方法糾正過來。孔子認為最好的辦法就是「禮」，他說：

> 禮，所以制中也。

禮是為了實現「中」，《中庸》云：「中也者，天下之大本」，恪守中正之道是禮的主要原則。「恭、慎、勇、直」看似美德，但若是有所偏倚，不符合禮的要求，就會走向另一端。恭而無禮讓人感到麻煩；慎而無禮看起來是膽怯、畏懼；勇而無禮多生禍亂；直而無禮則急切偏激、尖酸刻薄，實在是讓人感到挑剔。孔子曰：「給奪慈仁」，諂媚容易混淆仁慈。貴在動心起念處是否符合禮，能否做到齊莊中正、進退有度。按照禮的要求，恪守中正之道，方可恰到好處。

接著再向深處追問，禮如此重要，如何做到有禮？最佳方法是什麼？子曰：

> 君子篤於親，則民興於仁。故舊不遺，則民不偷。

遺：遺忘、遺棄。偷：淺薄、不厚道。實現禮，重要之處就是上行下效。在上位者親愛親人，宜家宜室，宜兄宜弟，就為百姓作出了示範。《大學》云：「宜其家人，而後可以教國人」。百姓看到此，自然會「興於仁」，激起仁愛之心。在上位者不遺棄他的故交舊友，老百姓就不會人情淡薄。

曾子的突出地位

瀏覽本篇會發現其中有大量篇幅來敘述曾子的言論，這其中有何深意呢？

本篇的主旨在於「遠宗其道」，孔子在談以美德風化天下社會。本篇講述了孔子對於泰伯這樣的賢聖之人無以復加的讚美，最後還講述了孔子對於堯、舜、禹等三代明王的無上崇敬，卻又用了大量篇幅來表述曾子之言！

在我們讀來，這其中有著很深的邏輯，也是古人的思維方式。講到先生，必然要談起後學；說起老師，必然要談學生；講到過去，必然要說現在；講到本，必然要觸及末；講到理念，必然要明示方法；指清方向，必然要告知通行道路。在很久以前，有許多的先賢聖哲，他們點亮了盞盞明燈，在孔子之後，貴在火種的傳續，此乃薪火相傳，相沿相續，至今也是如此。過去、現在、未來是一條線，從先生到後學是一條線，不絕如縷。

《論語》的編者是子思。子思學於曾子，曾子是孔子弟子，在子思心目中自然地位特殊。孔子祖述堯舜，遠宗其道，近世效法文武，是因為他們身上有美德的傳承，其中也包含泰伯在內。

縱然是遠宗其道，亦不離其本始。禮是本，孝是始。身體髮膚，受之父母，不敢毀傷，是孝的本始，理應自重自愛。

> 曾子有疾，召門弟子曰：「啟予足！啟予手！《詩》云：『戰戰兢兢，如臨深淵，如履薄冰。』而今而後，吾知免夫！小子！」

曾子對弟子們講：「動動我的腳，動動我的手！《詩》上說：『戰戰兢兢，如臨深淵，如履薄冰。』從今之後，我知免夫」！這裡的「知免」，是免什麼呢？有人認為是免於刑戮。是如此，又不僅僅是如此。

所謂「免夫」，是免於一切，包括刑戮，又不僅僅指刑戮。既然身體是本，所有傷害身體者，都應該「免夫」！這是要強調自愛自重。自愛自重是本始。然而，君子還應該有些更深的智慧與美德。比如，無知有時就是一種極大的美德。在一些人聽來會覺得奇怪，無知怎麼會成為美德？

曾子曰：「以能問於不能，以多問於寡，有若無，實若虛，犯而不校——昔者吾友嘗從事於斯矣。」

有能力而向沒有能力的人請教，知識豐富向知識貧乏的人請教，有像沒有一般，充實像空虛一樣，若別人侵犯卻不去計較。對於這些美德，老子曰：

明白四達，能無知乎？（《道德經》第 10 章）

已經明白四達，為何要做到無知？無知是一個人能夠繼續前行的資本，是曾子所說：「以能問於不能，以多問於寡，有若無，實若虛」。無知，還是一個人匯集百川、容納眾人的原因。若這一切的指向是博學，還有一點很重要，就是心胸廣大。能容下一切善法、惡法；善人、惡人。

能容的標識就是「犯而不校」，別人侵犯而不去計較。就是老子所云：「報怨以德」，就是孔子所言的「以直報怨」。總之，不是「以怨報怨」。為何不能以怨報怨？因為「和大怨，必有餘怨」（《道德經》第 79 章））。

自信，信人，被人信；自怨，怨人，被人怨；自愛，愛人，被人愛；自欺，欺人，被人欺。在循環之中，任何一個點是起點，也是終點。老子云：

善者吾善之，不善者吾亦善之，德善。信者吾信之，不信者吾亦信之，德信。（《道德經》第 49 章）

當然，一名君子還會面臨許多考量，曾子下面的言論，對大家都很實用。

曾子曰：「可以託六尺之孤，可以寄百里之命，臨大節而不可奪也，君子人與？君子人也。」

六尺之孤：六尺，身材幼小的小孩，年齡在十五歲以下，託付幼小的國君。寄百里之命：寄：寄託，託付。百里：古代小諸侯國的封地的大小。命：國之命脈。寄託一個國家的命脈，即攝理國政。

所謂「臨大節而不可奪」也很重要。大節，能考驗節操的重大時刻、重大事件，這裡代指國家生死存亡的時刻。奪：放棄，喪失。

　　一曰可以託付幼主，這託付幼主不僅僅是指這小孩的身家性命，更指這背後的江山，這是一份怎樣的信任，可以對得住這樣的信任嗎？實在有很多要考慮的因素。事實上，這份精神激勵著無數君子為之實行，如劉備白帝託孤。

　　二曰可以寄託一個國家的命脈，即攝理國政。這裡講的就更加明確了，就是將國家交付於人。但是，是「代管」，不是「擁有」，很多人一「代管」，就產生想「擁有」的心思，忘了初衷。

　　三曰臨大節而不可奪，就是關鍵時候不能出狀況。這三者的本質是一以貫之，就是以天下相託之時考慮的內容。能不能經得起考量？能不能擔得起重託？可不可以被信任？理應深思。

　　曾子曰：「士不可以不弘毅，任重而道遠。仁以為己任，不亦重乎？死而後已，不亦遠乎？」

　　弘毅：弘，大也，寬廣。毅：剛毅。無論是君子，還是士人，需要經得起考量、擔得起重託、可以被信任。因為他們弘大剛毅，以「仁以為己任」，不怕山高路遠，無畏川長水闊。問題是儒家宣導「仁以為己任，不亦重乎？」、「不亦遠乎？」，如此負重前行，會不會透不過氣來？

　　我們曾多次表達這樣的觀點，在先哲心中，人是天地之精華，但人不出天地之間。人要尊重天地，同時也仿效天地。所以，天地之德成為先民力量的源泉。天地的承載、負重多不多？遠不遠？會不會透不過氣來？貴在「上有極限，下有底線」。

　　負重得其所，就不覺得重；心無罣礙，無憂無懼，反倒是寬裕、優游。這份優游如同《莊子》中所說的：

　　北冥有魚，其名為鯤，鯤之大，不知其幾千里也。化而為鳥，其名為鵬。鵬之背，不知其幾千里也。怒而飛，其翼若垂天之云……。（《莊子·逍遙遊》）

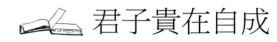 君子貴在自成

積之深厚，自然優游。積之不厚，就如《莊子》所云：

> 水之積也不厚，則其負大舟也無力……風之積也不厚，則其負大翼也無力。（《莊子·逍遙遊》）

那要如何積之深厚？

> 子曰：「興於詩，立於禮，成於樂。」

這份積之深厚源於詩，源於禮，源於樂。一名君子、士人氣質的涵養生成，盡在於此。在詩中，表達內心情感的興奮感動，實現溫柔敦厚；在禮中，規範人之舉止，樸實地表達性情，實現恭儉莊敬；在樂中，有一份獨有的價值與情操，能夠激發那最豐厚深邃的生命精神。以詩言其志，以歌詠其聲，以舞來動其容，皆是源於本心，是故情深而文明，氣盛而化神，和順積中而英華發外。

每個人的心底都有一種深深的渴望，一種關於生命、關於靈魂、關於愛與美的渴望，詩、禮、樂將這種渴望表達出來，而這種關於靈魂深處的表達有種追求，即是人與自然的呼應，最終直指天地之心。如方東美先生所言：「直透宇宙中創造的生命，而與之合流同化，據以飲其太和，寄其同情。」這樣一來，才有力量行進於高山遠路之中，穿越那川長水闊。

子曰：誠者，自成也。自成當是如此。

祖述先王之道

既然是遠宗其道，就要講得更明白，更細膩些，孔子所尊奉的到底是哪些道？這堯、舜、禹做了哪些事情，使得孔子念念不忘，予以無以復加的仰望與渴求？本篇的最後幾章，孔子就一一說道。孔子先是誇讚舜、禹：

> 子曰：「巍巍乎，舜禹之有天下也，而不與焉。」

巍巍，可稱之高大、崇大、偉岸，總之是些盡善至美的誇讚，都可與之相應，但都不能取代「巍巍乎」！之所以如此「巍巍」，在於「舜禹之有天下也，而不與焉」，他們治理天下，有所為但不恃有功。好像無為，實則是無所不為。

舜禹無為而治天下，他們的法則源乎堯，堯所效法的是天道。天當然是大，當然是高，當然廣，當然浩蕩無窮、美輪美奐。所以孔子對於堯的誇讚是：「大哉！巍巍乎！蕩蕩乎！煥乎」，無以言喻，用怎樣的言語來表達都不過分。既然堯所法的是天道，天道落在人間應該如何？孔子舉了禹的例子：

> 子曰：「禹，吾無間然矣。菲飲食而致孝乎鬼神，惡衣服而致美乎黻冕，卑宮室而盡力乎溝洫。禹吾無間然矣。」

菲：菲薄。黻冕：黻，祭祀用的禮服。冕，祭祀用的禮帽。溝洫：溝渠水利之事。對於大禹，孔子說自己真的是不知道該說什麼好了！實在是因為他怎樣做都好。關於飲食，對於自己是粗茶淡飯，但對於鬼神祖先，祭品豐盛、盡孝盡誠；關於穿著，對於自己是破衣爛衫，對於祭祀，卻講究至美；關於用財，自己的住所是破敗簡陋，對於修治溝渠水利之事，卻毫不吝惜，絕不含糊。

天道落在人間該何為？效法天道，是為了造福於人。無我，是為了有他，有百姓；無私，是為了利他，利百姓，這樣的「無」才有意義。古代的明王皆是如此。對於一名掌權者來講，權力是為天下人謀利的責任，不是謀取個人私利、滿足個人慾望的工具。

孔子祖述堯舜，遠宗先王，原來所尊崇的就是此「道」。他看到了「三以天下讓」的「至德」，看到他們舉賢任能的盛舉，還看到了他們日常的作為。

這些「明王」重視、輕視什麼？心中孰重孰輕？這兩兩相對的關係，為孔子點燃一盞明燈，在他心中有一幅清晰的天下安泰的盛景。為此，他全力以赴。

這就是信念的力量，「遠宗其道」的價值也在於此。

《論語》小學堂

子曰:「三年學,不至於穀,不易得也。」——《泰伯》

＊我們讀書的目的是學道明理,修身養性;但當時的士人在功名與制度得誘使「十年寒窗無人問,一舉成名天下知」,一心只想做官發財,做任何事都不應該忘了初衷。

第九章

主觀與客觀

《子罕》 第九

　　《論語》第八篇《泰伯》，主要是討論「遠宗其道」，傳承那些由來已久的大道、美德。這些大道、美德只有與人產生互動，與人的生命與生活發生關聯，才真正有意義。在傳承、互動的過程中，需要人在主觀上盡到最大努力。

　　讀到這裡，還是要回到《論語》本身，回到《論語》體現出的中華文化的思維模式，談到主觀，就必然離不開客觀。老子曰：

　　　　天下皆知美之為美，斯惡已。皆知善之為善，斯不善已。故有無相生，難易相成，長短相形，高下相傾，音聲相和，前後相隨。（《道德經》第 2 章）

　　當天下的人都知道什麼是美的時候，醜就產生了。當天下人都知道什麼是善的時候，惡就產生了。所以，有和無，難和易，長和短，高和下，音和聲，前和後，兩兩相對，相依而生。

　　在兩兩相對之中，「仁」的本質是人性的自我覺知，人之所以為人，是一個人自覺的代名詞。與「仁」相對的，與人性的自我覺知和人的主觀自覺性相對的客觀的一切，就姑且稱之為「命」。對於這兩者，孔子的態度是認同與讚許，他「與命與仁」。

　　「命」與「仁」，即為客觀與主觀的交互參照，是應該持有的態度，是本來就應該盡到的本分，這就是本篇主要探討的內容。

孔子何以「罕言利」？

在《子罕》的開篇，明確記載了孔子的一個特點：

> 子罕言利，與命與仁。

罕：少。與：認同，讚許。罕言：不是不言，而是不常言。眾人熙熙，皆為利來；眾人攘攘，皆為利往。孔子為何要「罕言利」？關於「利」，孟子作過一番解讀。

在《孟子》的首篇，記載孟子與梁惠王之間的對話。梁惠王的第一個問題就是：「老先生不遠千里而來，將給我國帶來什麼利益嗎？」孟子的回答是：「大王何必說利呢？只要有仁義就好。」

梁惠王的問題是合情理的，誰不關心別人是否可以為自己帶來利益、帶來好處呢？但是，孟子卻只講「仁義」。是孟子太灑脫嗎？仁義又該如何衡量呢？沒有看得見的利益，只要「仁義」有用嗎？人們心中自然會升起這樣的疑問。

孟子下面的話需要用心去聽。孟子說：

> 王曰：「何以利吾國？」大夫曰：「何以利吾家？」士庶人曰：「何以利吾身？」上下交征利而國危矣。萬乘之國，弒其君者，必千乘之家；千乘之國，弒其君者，必百乘之家。萬取千焉，千取百焉，不為不多矣。苟為後義而先利，不奪不饜。（《孟子·梁惠王上》）

孟子看到，如果人人言利，那麼一個國家的大王會說：「用什麼使我國獲利」？大夫說：「用什麼使我的家族獲利」？士人和老百姓說：「用什麼可以使我自身獲利」？上上下下互相牟利，國家就危險了。擁有萬乘兵車的國家，謀害其君主的必定是擁有千乘兵車的家族；擁有千乘兵車的國家，謀害其君主的必定是擁有百乘兵車的家族；萬中取千，千中取百，這個機率不算少。如果不顧義而重利，那麼不奪取全部是不會滿足的。

程子曾評價《論語》與《孟子》的不同，他說：「孔子言語句句是自然，孟子言語句句是事實。」從孟子這番話來看也有道理。人的本性，就是慾望滿

足之後的繼續膨脹，直到慾壑難填，直到奪取全部。這時，天道就將發揮作用，當有了奪取全部之心之時，往往也就是一無所有的時候。

《格林童話》中有個故事：有隻比目魚可以滿足漁夫一家的要求。一開始，漁夫的妻子只想要一個房子，可是滿足之後，慾望就膨脹了起來。貪婪的妻子向比目魚提出各種各樣的要求，要別墅、要宮殿、當國王、當皇帝、當教皇……，她甚至想要控制太陽和月亮，最後卻變得一無所有。

縱然只是童話，真理也在其中。富與貴本來就是「人之所欲」，追求利益最大化是人的本性，不用學就會，若是再被鼓勵，甚至縱容，怕會走向不歸路。

對於利的貪婪，甚至有可能迷惑一個民族的心智。想一想，毒奶粉、地溝油、染色饅頭……，哪一事、哪一物不是源於人心的貪婪。真理往往會站在世俗的對面。所以，人人都知道「利」的重要，孔子卻「罕言」。罕言，不是不言，而是不常言。但凡提及這個話題，必定先將義字放在前頭。

但是，關於「命」，關於「仁」，孔子是認同和讚許的。何為「命」？我是誰？我從哪裡來？要到哪裡去？這些問題的答案如同星空沒有邊際。

羅素在他的名篇《一個自由人的崇拜》中認為，人是各種原因的產品，無法預知這些原因將會取得什麼結果。他的孕育和成長、希望和恐懼、情愛和信仰，只是原子偶然組合的結果。沒有哪一種熱情、哪一種英雄主義、哪一種強烈的思想和情感，能超越墳墓而維持一個個體的生命……，只有在這些真理的架構中，只有在頑固失望的堅實基礎上，靈魂的處所才能安全地建構起來。

羅素的這段話裡有幾個關鍵字，比如「偶然」。我們從哪裡來？偶然的結果。不僅是「從哪裡來」是如此，「情愛」、「信仰」都有許多偶然的成分。有偶然就有必然，必然是什麼？必然是要走向墳墓。這樣說豈不是讓人很失望？聽起來有幾分悲觀。可是，只有在頑固失望的基礎上，靈魂的安全處所才能夠建構起來。這一切，就是真理的架構。

「命」是真理的重要組成部分，認命，是對於客觀的理性認知，對於真理的接受。若說：「命」是不可抗衡的客觀與必然，「仁」就是面對客觀與必然

的力量與追求。「仁」，是人性的自覺。覺知我之所以是人、我與其它物種或他人的不同、我的擅長所在、我的弱項所在。在對自我充分認知的基礎之上，在客觀必然（命）面前最大限度地爭取主動，因自覺而自在，也可以稱之為靈活、主動。「仁」與「命」，即是主觀對於客觀的最佳回應。

人的一生無不在主觀與客觀、「命」與「仁」之間相互連動。正因如此，孔子「與命與仁」。他認同「命」、讚許「仁」。在這兩者之間，他引導人們持有對於「命」的理性認知，更多的在談論關於「仁」的主動追求。這是全篇的重點，也是孔子對於生命態度的重點思維。

面對「命」，需要積極地、主動地追求。由此，成就了博學的孔夫子。翻開有關歷史記載，孔子博學的事例可以說俯拾即是。

孔子的「博學」表現在各個方面。可以說，孔子上通天文，下知地理；他熟悉歷史，也深諳現實；他講治國平天下的「大道理」，也談為人處事的「小枝節」；他通曉《詩》《書》《禮》《樂》典籍，也識鳥獸草木之名。孔子的博學，使得他聲名遠播，身邊聚集了眾多弟子。這些弟子「皆服孔子之化」，衷心佩服與尊重孔子。

正是源於孔子聲名遠播，就連小巷弄裡的一位鄉親都知道孔子博學，他說：

> 大哉，孔子！博學而無所成名。

從這位鄉親的語氣來聽，他的確是聽到別人談起孔子的博學。但是，他有點納悶，從他的角度來看，孔子並沒有什麼專長啊。真不知道他是駕車比較好，還是射箭比較好。不同的人，對於價值認知、評判的角度是不一樣的。或許，在這位鄉親的心中，從他的角度來看，要麼是駕車的好技巧，要麼是射劍的達人，要麼是種地的專家，除了這些，什麼能配得上如此的誇讚呢？難不成是華而不實？

縱然這位鄉親不了解孔子，孔子卻相當了解他。孔子不僅自謙，還很是幽默。他沒有講一番道理，來證明自己並非「無所成名」、不是「華而不實」，實實在在是有其名，且有其實。而是以反問的語氣，自問自答，順著這位鄉親

的話，告訴弟子說：

　　　　吾何執？執禦乎？執射乎？吾執禦矣。

他說：「我有什麼專長呢？是駕車呢？還是射劍呢？我的專長是駕車吧！」

洞悉「禮」的本質

孔子對於人生的主動追求，從來沒有脫離一個字，那就是「禮」。

孔子對「禮」的堅守，源於他對於「禮」的本質的把握。了解了「禮」的本質，就以「仁」作為守禮的自覺。

接著，孔子講了兩件事情，他說：

　　　　麻冕，禮也；今也純，儉，吾從眾。拜下，禮也；今拜乎上，泰也。
雖違眾，吾從下。

一者是關於戴什麼樣子的禮帽。以前的人都帶麻冕材質的緇布冠，這種帽子要用三十升布才能做好，細密難成。現在呢，他要戴用黑色的絲做成的禮帽，非常儉約、方便。孔子說：「吾從眾」，也就是「隨大流」，他認為大家現在的做法就很好。

還有一件事，如何行對君主的跪拜之禮？

古代禮制規定，臣下拜見君主應先在廳堂之下行跪拜之禮，君主說：「免禮」之後再到堂上行一次禮，這才符合古禮的要求。在孔子所處的時代，禮崩樂壞，臣子們已經不用執行堂下之禮，直接到堂上行君臣之禮。對於這種做法，看著省麻煩，失去的其實是內心的恭敬。孔子說：「雖違眾，吾從下。」他特立獨行，堅守古禮的做法，雖然這種做法與當時的主流是相違背的。

無論是「帽子」問題，還是「跪拜」的問題，本質上都在表達孔子對於「禮」的態度。對於「禮」的形式是堅守，還是革新？是隨波逐流，還是特立獨行？

都不是！他那樣做，是因為他洞悉「禮」的本質，把握了禮的內在精神。

失去了禮的內在精神，禮還有什麼意義？

孔子的心中有著一把清晰的尺，用來看是不是符合「禮」、符合「理」，是不是符合「人心」。禮的形式需要與時俱進，但本質不能變。一旦遇到以影響禮的本質為代價的「革新」，孔子「違眾」、「從古」，就顯得「特立獨行」。

斯文在茲：孔子的使命

本篇的主旨是講主觀客觀的互相參照，談完主觀談客觀，談完客觀接著談主觀。主觀即為「仁」，客觀即為「命」。

談到「命」，孔子的命好不好呢？他有著怎樣的命數呢？對於自己的一生，孔子有一番簡短、精確的總結：

> 子曰：「吾十有五而志於學，三十而立，四十而不惑，五十而知天命，六十而耳順，七十而從心所欲，不逾矩。」（《論語・為政》）

孔子是到了十五歲那年，才懂得學習很重要，才開始熱愛學習嗎？當然不是。在他很小的時候，玩的遊戲都和別的孩子不一樣，他的「玩具」是「俎豆」，他玩的過家家是「設禮容」。俎是祭祀時盛牛羊等祭品的禮器，豆是上古時盛食物的器皿。「設禮容」，就是在習禮。看來，在他幼小的心靈之中，就有著立志向禮的種子。

禮是道的載體，是天地大道與生活實踐的結合體。孔子十有五而志於學，核心在志於學「道」，學習修己安人之道。也就是說，孔子在十五歲時，他的目標就相當明確，志向就相當堅定，且是他一生的追求。

到了五十歲，孔子認為他「知天命」，知道老天派自己來是要做什麼的。知天命的本質在於對於自我的認知，看似人的一生一直不斷向外追尋，但就其本質而言，其實是一個自身與社會、與自然參照互動的過程。對自己的認知愈是到位，愈是能在參照的過程中盡性，從而由盡人之性到盡物之性，讚天地之養育。

也正是基於對於自我、對於天命的正確認知，無論是孔子出仕，學而時習之，從心底感到喜悅，還是周遊列國、顛沛流離，均是「上不怨天，下不尤人」，造次必於是，顛沛必於是。

> 這一次，他被困在了匡地。子畏於匡，曰：「文王既沒，文不在茲乎？天之將喪斯文也，後死者不得與於斯文也；天之未喪斯文也，匡人其如予何？」

匡：古代的地名。孔子說：「周文王已經不在了，『文』就集聚在我的身上，老天要是打算使這種文化消亡，那麼，就不會讓我掌握了；如果老天不打算消亡這種文化，匡人又能把我怎麼樣呢？」這裡所講到的「文」，不僅是通曉「詩、書、禮、樂」，本質上是在傳承由「詩、書、禮、樂」所承載的道統、中華文明一脈相承的價值體系，也可以理解為「文武之道」。

孔子之所以能在困境中如此安然，對於生命的追求可以做到全力以赴，恰恰是源於對於「命」的理性認知、對於生命的至高信任。對於「命」的最高認知，就是履行天命，清楚自己的責任與使命，全力以赴、問心無愧。既無憂無懼，也沒有患得患失。

平民稱孔子「大哉」、「博學」，雖然那位鄉親不太理解孔子「大」在哪兒。但在孔子自己心中，明確地認知到「斯文在茲」，文化道統傳續的使命就在自己身上。

那麼在以「太宰」為代表的官員心中，又是怎麼看呢？

> 太宰問於子貢曰：「夫子聖者與？何其多能也？」子貢曰：「固天縱之將聖，又多能也。」子聞之，曰：「太宰知我乎？吾少也賤，故多能鄙事。君子多乎哉？不多也。」

這位太宰認為孔子是聖人。若不是聖人，怎會這樣多才多藝？子貢認為自己的老師就是一個聖人，且是一個「天之將聖人」，是老天派來的。想想看，子貢的話有道理，上天要降下一個聖人，當然是要他天質好、天分好，且多才。

　　但是，孔子不這樣想，孔子認為這位太宰不了解自己。因為小時候家裡窮，既貧且賤，所以會做很多鄙賤的事情。孔子三歲的時候，父親就去世。孔母將他帶到了曲阜一個名叫闕裡的小巷，孤兒寡母要想生存是件很不容易的事情。謀生是第一要務。孔子在季氏家做過記帳員、飼養員，別人問他怎樣將工作做好，孔子認為做記帳員只要帳目記清楚就可以了，做飼養員使牛羊茁壯成長就可以了。面對本職工作，孔子認真負責。自力更生的生活也鍛煉了孔子堅韌的優秀品質。一般生在貴族家的君子會有這麼多技藝嗎？不會的！

　　博學的孔夫子有許多老師，他學無常師，而最大的老師是「生活」本身。當他的生命邂逅生活，無論現狀如何，孔子的態度都是積極、主動、樂觀。窮人的孩子早當家，有時候，苦難是成就一個人的推進器。

當止則止，當進則進

在路上，孔子在河上說：「逝者如斯夫，不舍晝夜！」生命如川流，奔騰不息，晝夜不止。隨著這一江春水，萬物受其潤澤生長，百化興焉，浩然同流。人受此感召，自然要振作生命，奮然有為。

人應該有著對於美德的全然追求，遺憾的是，孔子說：

> 吾未見好德如好色者也。

孔子說自己從來沒有見過像「好色」那般「好德」的人。好色，人性之自然。《大學》云：「如好好色」，愛美之心人皆有之。可是對於「色」的理解，不能侷限於美色。何為「色」？五官所能感知到的一切，都是「色」的範疇。五彩繽紛、色彩斑斕的世界令人心醉神往。但也有弊端，老子曰：「五色令人目盲，五音令人耳聾。」怕的是就在這之中，沉溺與迷失。

好德，天理之當然。何為天理？

> 子曰：「天何言哉！四時行焉，百物生焉，天何言哉？」（《論語‧陽貨》）

天從來都不說話，春作、夏長、秋斂、冬藏，萬物受其潤澤。好色與好德，人心和天理，這之間有段距離，有時近在咫尺，有時遠在天涯。人的一切努力，都是在縮短這段距離，使其合一。在這過程中，當止則止，當進則進。

> 子曰：「譬如為山，未見一簣，止，吾止也。譬如平地，雖覆一簣，進，吾往也。」

對於停下來，孔子打了個比喻，他說好比堆土成山一樣，只差一筐土就成卻停下來，這是我自己的選擇。對於進，他說好比在平地堆土，儘管只有一筐土，但是繼續下去，這是我所堅持下去的。「止」之於「進」，猶如休憩之於工作，也如剎車之於油門。他們的關係兩兩相對，彼此相依，合二為一。

行走於道路之中，剎車要很靈，才可放心地行進。貴在有恆，亦貴在適可而止。但是，我們也要注意到，在行進的道路上，踩油門是主要的動作，偶而

剎車，才可以很快到達目的地。相反地，如果以踩剎車為主，踩油門偶然行之，就很麻煩。何時會有這樣的處境？例如上下班的高峰期，看似堵車，其實是堵心。由此告訴我們：在行進的路上，努力很重要，但也要知道適可而止。

在自然界中，孔子注意到這樣一種現象，引發起他的感慨。

子曰：「苗而不秀者有矣夫！秀而不實者有矣夫！」

苗而不秀：長苗而沒有開花吐穗。秀而不實：開花吐穗而沒有結果。按常理來講，一顆穀苗生根發芽，進而開花吐穗，碩果纍纍，這是自然規律，是必然結果。但有必然，就有偶然。必然如此，不表示絕對會如此。所以孔子才說：長苗而不開花吐穗的有呀！開花吐穗而不結果實的也有呀！的確如此。

可是，為何長苗而沒有開花吐穗？為何開花吐穗而沒有結果實？這可能有兩種情況：一種是「人而無恆」，沒有恆心，主觀上努力不夠，功虧一簣，終無所獲；另一種情況，是自然的環境，主觀上已經盡了全部努力，但是一長苗就下冰雹，剛開花就迎來暴風雨，同樣無所獲。對於前者，就是要努力、有恆、別無捷徑。對於後者，就是理性地面對，坦然地接受，安靜地等待下一個春天。這也是主觀對於客觀、「仁」對於「命」應該持有的狀態。

關於冰雹、暴風雨的情況，是意外，發生了接受就好了。去研究風雨從何來，天不應，地不答。但是，對於主觀上的努力，需要明白「我」是能改變的要素，在很多情況下，「我」可以做選擇，時不我待。歲月、年華像那東逝之水，一去不返，少壯不努力，老大徒傷悲。努力還是不努力，自己可以做出選擇。

還有一點，就是自然規律會起作用，源於生生不息，即使甲不努力，乙也會努力；即便是你不努力，我可能會努力；現在的人不努力，年輕一輩也會有人努力。所以，孔子認為「後生可畏」。

子曰：「後生可畏，焉知來者之不如今也？四十、五十而無聞焉，斯亦不足畏也已。」

如果一個人到了四十、五十還無所建樹，沒有什麼值得讚美的地方，就沒什麼可以讓人生畏的了，就不足以被人所畏。「畏」在這裡為敬畏的意思。

明白了主觀與客觀的關係，也要知道主觀對於客觀應該持有的態度，就是「智」，智者無惑。主觀的努力為「仁」，全力以赴地去做，得之泰然，失之安然，無可憂懼。真正的勇者，有著全然的勇氣，還有著全然的擔當，無所畏。

總而言之，做到「智」「仁」「勇」就是主觀對於客觀、人對於「命」，應該持有的態度。由此而「知者不惑，仁者不憂，勇者不懼」、「知者樂水、仁者樂山」，在山水自然間，人與自然融為一體，生活會一直安樂下去。

「命」與「仁」交互參照

事實上，真正明達主觀與客觀的關係，在主觀與客觀的交互參照中，不斷向前並不容易，很難做到，但是，難道因為不易實現，就真的不能實現嗎？

> 子曰：「可與共學，未可與適道；可與適道，未可與立；可與立，未可與權。」

共學：共同學習。適道：志同道合。適：往赴。孔子認為可以一起學習的人，未必都能學到道，實現志同道合；能夠學到道的人，未必能夠堅守道；能夠堅守道的人，未必能夠隨機應變。

榜樣樹立起來，如何學習？如何仿效？是不是要照抄照搬、東施效顰，如果這樣就會出問題。面對的情況不一樣，個人的條件不一樣，環境不一樣，時空有了變化，需要就事論事，適時做出改變，這才符合道。榜樣、標準只是一個參考、一個方向，學習的本質是與自己呼應、與環境呼應，融合成新的行動，選擇最合時宜的辦法。適合自己的，就是最好的。

可以一起學習的人，未必都能學到道，實現志同道合；能夠學到道的人，未必能夠堅守；能夠堅守道的人，未必能夠隨機應變。按照這個機率，豈不是實現學道、行仁真的是很少人做到，既難又遠。真的是如此嗎？本篇的末章有這樣的表述：

「唐棣之華，偏其反而。豈不爾思？室是遠而。」子曰：「未之思也，夫何遠之有？」

唐棣樹的花兒迎風飄搖，這花瓣離開花朵，有時又隨著風兒返回來。我難道不思念你嗎？只是家住得太遙遠了。

但孔子不這樣認為，他說你還是沒有真的思念，真的思念了就不覺得遠，山高水遠都不是事，千難萬險也不認為難。

命就是命，客觀就是客觀；人就是仁，主觀就是主觀。孔子的態度是「與命」、「與仁」。「命」是老天的安排，「仁」是自己的選擇。他認命，更欣賞主觀的努力。機會，總是留給有準備的人，善於抓住機會，就是客觀與主觀的最佳呼應。

《論語》小學堂

子曰：「歲寒，然後知松柏之後凋也。」──《子罕》

＊在艱苦的環境中，才能真正看出一個人的品性與能力。人在順境中要
持續修身養性，待面臨困難時，才有能力屹立不搖。

第十章

日常

孔子曾說：「士志於道，而恥惡衣惡食者，未足與議也。」（《論語‧里仁》）在孔子看來，如果一個人天天因穿得不好、吃得不佳而耿耿於懷，這種人難以有君子情懷，難於追求「道」。是的，如果一個人對他自身的小謀小利、小恩小怨都不能有所超越，怎麼可能對他人的疾苦有所牽掛，為天下人謀利益呢？

但這裡有一個問題，難道君子就要破衣爛衫、節衣縮食嗎？道德高尚的人是不是就沒有最低的生活要求？必須拋棄自我、拋棄對生活品質的追求和天性的快樂？當然不是這樣。每個人都有選擇自己生活方式的權利。有品質的生活是一種生活方式，縮食節衣、生活簡樸也是一種生活方式。

但是，任何事情都怕走向一個極端。原點：以惡衣惡食為恥，為穿得不好、吃得不佳而耿耿於懷；反端：為了顯示所謂的「道德高尚」，而刻意追求「惡衣惡食，節衣縮食」。這會出現怎樣的後果呢？一些苦行的、所謂「道德高尚」的人拋棄了自我的愉悅，也容易剝奪別人的快樂。更可怕的是，在這些「道德高尚」的名義下，可能始終存在著對於他人追求美、擁有快樂的敵視。例如，美可能被視為不應該擁有和追求的，貧與苦、破衣爛衫被看成光榮和自豪。

關於這一點，羅素認為：

> 精神生活不只是由思想和知識組成，它也不會是完全健康的，除非它與普通的社會生活有某種本能的聯繫……一旦與社會本能分離，思想就像藝術一樣，容易變得過分講究細節和矯揉造作。

所謂普通的社會生活，也就是上班、下班、衣食住行，每個人能知能行的範圍。也就是說，思想與藝術一旦脫離了應用與生活的層面，被束之高閣，就失去了它應有的價值與意義、生命與朝氣。

接下來，我們邊讀孔子學說，邊品思我們的文化傳統。如果它僅僅是一套理論體系，僅僅是思想層面的引導，是飄在空中的大道理，就會如同浮雲一般，無論雲層是薄還是厚，終究會飄過不留痕跡。但事實是，孔子的思想光耀千年。

孔子說：「三人行必有我師焉，擇其善者而從之，其不善者而改之。」孔子又說：「知之為知之，不知為不知，是知也。」這些話婦孺皆知，即便是客

走他鄉的僑胞,生活方式仍沒有不同。孔子思想,富有永恆之美,實在是源於它的實用價值。它在引導一種正確的生活方式,説明提升把握本質的能力、解決問題的信心、面對困難的勇氣、增強追求幸福的能力、開啟智慧的源泉。

孔子說:「道不遠人」,實際上是如此。既然普通生活就是衣食住行,那麼孔子是如何生活的?他的衣食住行如何?他的視聽言動又是如何?從他的日常生活中可以得到什麼體會?對我們理解生活的真諦會有怎樣的啟發?

在《鄉黨》這篇,每一個場景都是一幅完整的畫面,好似一部部微電影,立體、動感。他溫和、堅定的神態和無可挑剔的細節,成為這個世界一抹別樣的色彩,呈現一位平凡而高大的君子形象。於是,人們有了生動的學習榜樣。

於公於私,於上於下,都是剛剛好

◆在老家

第一組鏡頭,映入我們眼簾的是:

> 孔子於鄉黨,恂恂如也,似不能言者。

孔子在老家,在宗族鄉里,與他的長輩們在一起。孔子的表現是「恂恂如也,似不能言者」。恂恂,溫和恭順的樣子。孔子「似不能言者」,意思是好像不太會說話的樣子。

這表現出孔子的恭謹與謙和、他的深厚涵養。在宗族鄉里面對左鄰右舍、父老鄉親,他不是侃侃而談,不是老師的樣子。所謂「人之患在好為人師」,不能見了誰都好像是他的學生、他的下屬,都想教育一番,搞得大家緊張兮兮,每個人都不願意和這樣的人相處。

所謂宗族鄉里,是日常生活的地方,是令人放鬆的地方。面對父老鄉親、左鄰右舍、兄弟姐妹,孔子的表現是謙恭有禮,他好像輕聲細語地聊著天氣和工作,話話家常,微微的笑容牽動嘴角,給人帶來放鬆與愉悅。

他的謙恭,將他的平凡與不平凡有機地統一在一起。

◆在宗廟、朝堂

接著，講到在宗廟、朝堂之上，孔子的表現是：

> 便便言，唯謹爾。

便便言：善於辭令，很會講話。唯謹爾：務實謹慎。

善於辭令是自信的表現，在宗廟、朝堂之上自然是要自信，自信才可以擔當，才可讓人放心、被人信任。但自信與自負只有半步之遙，孔子的表現是：善於言辭而又務實謹慎。

子張曾經向孔子請教如何求取祿位。求取祿位，在某種意義上也可以理解為「升官發財」。

> 子曰：多聞闕疑，慎言其餘，則寡尤；多見闕殆，慎行其餘，則寡悔。言寡尤，行寡悔，祿在其中矣。」（《論語・為政》）

孔子教育子張應該多聽、多看，謹慎言行。首先要多聽，保留有疑問的地方，對有把握的問題慎重地進行談論，就會減少錯誤。接著要多看，保留有疑問的地方，其餘有自信的事情慎重地去做，就會減少後悔。說話減少錯誤，做事減少後悔，官位俸祿就不遠了。

事實上，「多聞多見」的目的在於博學；「存疑闕殆」就是求真切問；「慎言慎行」是敦厚崇禮；「言寡尤，行寡悔」就是道中庸。因為中庸，自然中用，使「祿在其中矣」。孔子自身是很好的實行者：自信而又溫和恭順，有擔當又不傷人，光而不耀，溫潤而澤。

◆事上待下

同是在朝堂之上，事上待下，孔子的言行舉止，略有不同。

> 朝，與下大夫言，侃侃如也；與上大夫言，誾誾如也。君在，踧踖如也，與與如也。

侃侃如也：溫和快樂的樣子。誾誾如也：和悅規勸的樣子。踧踖如也：恭敬而不安的樣子。與與如也：行步安詳的樣子。

在朝堂上，同下大夫說話，溫和而快樂，沒有居高臨下之感；同上大夫交談，正直而恭敬，沒有諂媚之色。君主臨朝，心中恭敬好像不安，同時而又行步安詳，威儀適中，中正平和。

◆迎賓

緊接著映入我們眼簾的鏡頭是：他代表君主接待客人，展示的是一國之威儀，彰顯的是邦國之形象。

> 君召使擯，色勃如也，足躩如也。揖所與立，左右手，衣前後，襜如也。趨進，翼如也。賓退，必覆命曰：「賓不顧矣。」

擯：同儐，接待客人的人。勃：臉色突變的樣子。躩：動作變快，這裡指腳步加快。襜如：衣服整齊的樣子。

我們看到的孔子形象是：他表情莊重，腳步加快，神采奕奕。他迎賓並伴賓行走，左右兼顧，彬彬有禮。他的衣服隨之前後擺動，卻整齊不亂。快步向前走時，像鳥兒展翅一般，風度翩翩。他有迎有送，當客人已經走遠，不再回頭時，向君主回覆，有始有終，慎終如始。

在這一組鏡頭中，孔子在不同的角色、不同的場合中保持著平衡。他給人以充分的信任與尊重。這些特質，使得他不僅風度翩翩，讓人感到安定、踏實，更是在「宗廟朝堂與宗族鄉里」、「動與靜」、「張與弛」之間的平衡與駕馭。於公於私，事上待下，行處住臥，在任何時候，都是剛剛好！

特寫：鞠躬如也

《鄉黨》這一篇三次講到他「鞠躬如也」，構成一組特寫的鏡頭：

　　入公門，鞠躬如也，如不容。

　　攝齊升堂，鞠躬如也，屏氣似不息者。

　　執圭，鞠躬如也，如不勝。

公門：通往朝堂的大門。攝齊升堂：提起衣服下擺，指上朝的時候。圭是一種玉器的名字，長條形。執圭即奉持圭，為受命出使時保有的信物。

這一組特寫鏡頭，動作是相同的：鞠躬如也。神情又各有不同：有時好像不能容身；有時摒住呼吸，好像沒有喘息；有時好像不能承受。

無論是相同的動作，還是不同的神情，心態與精神都是一致的，都是自卑而尊人，誠敬到極致。能做到這一點，實在是深厚學養的表現，更是源於內心深深的自信與自覺，也可以稱之為「仁者情懷」。

謙恭，是孔子骨血中的DNA。說到鞠躬，說到謙恭，可以在孔子的先祖那裡找到這樣的DNA。在《孔子家語·致思》篇，有一節南宮敬叔與魯昭公的對話，談及關於孔子先祖的往事：

孔子的七世祖正考父有些不同常人的地方，他輔佐了宋國的三代國君，可謂是三朝元老，且一而再、再而三地被加封。俗話說：「人逢喜事精神爽」，許多人一次加封就已經神氣洋洋，再次加封就可能趾高氣昂，三封則極可能找不到方向。可是這正考父恰恰相反，他是彎腰屈身。每加封一次，正考父的腰彎得更深了，還扶著牆走，有點不可思議。

就是這深深地低頭，深深地彎腰屈身，謙卑、恭敬就在其中。其先祖是這樣的謙卑、謙恭，孔子的骨子裡也流淌著這樣的血脈。

品質・品味

一名君子，不會因為穿得不好而感到沒面子，自然也不代表他不在力所能及的範圍內講究。這一組鏡頭就是很好的說明：

> 君子不以紺緅飾，紅紫不以為褻服。當暑，袗絺綌，必表而出之。緇衣，羔裘；素衣，麑裘；黃衣，狐裘。

紺緅飾：紺緅，青紅色，玄纁之類，都是祭服的顏色。祭服的顏色，當然不能作為領口與袖口的裝飾，會有不祥的感覺。

褻服：私居或閒居時的衣服。也就是家居服、睡衣，不穿大紅大紫的顏色。根據「五行」的講法，南方主赤色，在五行中屬火，入通於心，開竅於耳。紅色，鼓舞人的心氣。但是，平時穿得大紅大紫會讓人的肝火過於旺盛，沒有好處。看來，家居服、睡衣，不穿大紅大紫，不僅是美觀的問題，還是養生的學問。

袗絺綌：袗，單衣。絺，細麻布單衣。綌，粗麻布單衣。外出時的衣服，裡面一定要有襯衣，單衣穿在外面。

緇衣，羔裘：緇，黑色。羔裘：黑羊皮。緇衣，羔裘：黑色外衣配黑色羊皮內襯。

素衣，麑裘：素，白色。麑：小鹿，色白。白色外衣配白色羊皮內襯。黃衣，狐裘：狐，色黃。黃色外衣配黃色羊皮內襯。

這一組鏡頭在表達，一名君子在不同的場合不同的衣著打扮。在孔子心中，衣食住行都是關於禮的表達。這樣一來，服裝就不只是一件衣服，重要的是它所反應的一個人的生活方式，還有一個人的品味。追求布料、版型、剪裁、配飾視覺上的美感與質地的和諧統一。禮服、朝服、家居服，各有特色。在不同的角色、不同的場合上要保持平衡。

深厚的教養

我們只要留意觀察，孔子的一舉一動都能體現他的涵養。孔子深厚的教養、敦厚的君子氣度，從他的細微動作中顯現出來：

> 鄉人飲酒，杖者出，斯出矣。

這裡所說：「鄉人飲酒，杖者出，斯出矣」，是說在鄉里舉行飲酒的禮儀時，孔子等挂杖的老人走出以後，自己才出去。

鄉人飲酒，是說蠟祭時，在鄉里飲酒。杖者出，即年齡較大者先出。《禮記‧雜記》記：「子貢觀於蠟。孔子曰：『賜也，樂乎？』對曰：『一國之人皆若狂，賜未知其樂也。』子曰：『百日之蠟，一日之澤，非爾所知也。』」當「一國之人皆若狂」而出之時，眾人不再有先後順序，令人慨歎。在這樣一年一度的歡聚時，人們快樂、狂歡，其實，禮的實質是什麼呢？孔子在思考著。

鄉飲酒禮本質上是尊長、敬老的禮儀，這時遵循的禮節，有助於社會養成尊老、養老的風俗。《禮記‧鄉飲酒義》記載說：「鄉飲酒之禮，六十者坐，五十者立侍以聽政役，所以明尊長也。六十者三豆，七十者四豆，八十者五豆，九十者六豆，所以明養老也。民知尊長養老，而後乃能入孝弟。民入孝弟，出尊長養老，而後成教，成教而後國可安也。君子之所謂孝者，非家至而日見之也，合諸鄉射，教之鄉飲酒之禮，而孝弟之行立矣。」可見這一禮儀的意義。

《鄉黨》接著說：

> 鄉人儺，朝服而立於阼階。

這裡所說的「儺」，是那時候在臘月舉行的驅疫逐鬼的活動，用現在有的地方的方言講，就是「跳大神」。

要知道，在那個時代，百姓的生活中沒有電影、電視，也沒有筆電、手機，只有這個「跳大神」的節目，它不僅具有「驅逐疫鬼」的實用功能，還是可以欣賞的「文藝節目」，既是藝術的表達，也有娛樂的性質。除了日夜兼程奔赴人生理想之外，人們也需要偶爾停下腳步，欣賞風景。雖然自己只是一個觀眾，

但孔子仍然換上盛裝，就在東面的臺階觀看，如同西方的紳士換上禮服去歌劇院一樣。

其他還有不少的細節，例如：

> 問人於他邦，再拜而送之。

孔子託人給他國的朋友慰問送禮，要兩次行禮為使者送行。這是孔子託人慰問他國之人時對使者的禮節。《禮記・曲禮上》記：「凡以弓、劍、苞、苴、簞、笥問人者，操以受命，如使之容。」這也許是當時的禮節，但畢竟是麻煩別人為自己做事，這是人家對自己的恩惠，於是孔子做得更加認真，體現了對他人勞動、辛苦的尊重。

> 見齊衰者，雖狎，必變。見冕者與瞽者，雖褻，必以貌。凶服者，式之。式負版者。有盛饌，必變色而作。迅雷風烈，必變。

這裡記述了孔子情緒轉變的幾種情況，也是日常生活之中待人接物的禮節。負版者：穿喪服之人。盛饌：豐厚的祭品。迅雷風烈：天上打疾雷，地上刮大風。《禮記・玉藻》曰：「若有疾風，迅雷，甚雨，則必變，雖夜必興，衣服、冠而坐。」

孔子看見穿喪服的人，即使平日來往密切的，也一定把態度變得嚴肅。看見戴禮帽和失去視力的樂人，即使很熟悉，也一定要表現得很有禮貌。看見穿著送喪葬衣服的人，乘車時要俯身伏在車前的橫木上。同時，看見穿喪服的人，也要俯身伏在車前的橫木上。遇見豐盛的祭品陳列，也一定要改變神色站立起來。遇到迅雷、大風之時，也一定變得嚴肅起來。

不難看出，在日常的生活細節中，孔子總是設身處地為他人考慮，考慮別人的感受，尊重他人的心境，把自己當成一個社會的存在。

生活的細節

歷來成大事的人，一定是不忽略主要細節的人。身體是本錢，沒有身體的健康，一切都無從談起。《鄉黨》篇記孔子日常行為，說的是孔子還在家鄉中教化他人。因此，關於孔子注意飲食養生的事也記述了不少。例如：

> 食饐而，魚餒而肉敗，不食。色惡，不食。臭惡，不食。失飪，不食。
> 不時，不食。割不正，不食。不得其醬，不食。

食物放的時間長了會有餿味，不吃。魚和肉放壞了，不吃。顏色不新鮮，不吃。氣味難聞，不吃。不是當季的食物，不吃。切割得不正的肉，不吃。沒有合適的調料的肉，不吃。

> 肉雖多，不使勝食氣。
> 惟酒無量，不及亂。
> 沽酒市脯不食。
> 不撤薑食，不多食。

肉食雖多，吃的量不超過主食。只有酒不限量，但不喝過量。買來的酒和臘肉，不吃。常備薑食，但吃得不多。

> 祭於公，不宿肉。祭肉不出三日；出三日，不食之矣。

這是對祭肉用法的要求。大夫士有助祭之禮。孔子在對待祭肉上遵循著古禮。士大夫助祭於魯公，分得的胙肉不留到第二天。自己家裡的祭肉，不存放三天以上，超過三天就不吃了。

但是，這並不是說孔子是一位「格外講究吃喝」的人，如果這樣認為，那就是很大的誤解了。這是因為：

(一) 以上這些都是生活的常識，是人人都應該遵循的生活原理，不這樣做，健康不能保證。例如，顏色不新鮮，能吃嗎？氣味難聞，能吃嗎？還有，在那個沒有冰箱的時代，祭肉一般是至少在祭祀之前一日已經準備好，如果再存放超過三天，就有可能變質腐敗，那還能吃嗎？

（二）孔子的那句名言，不能再繼續誤解了。那句名言就是：

食不厭精，膾不厭細。

對於這句話，學界一般理解為「糧食不嫌舂得精，魚和肉不嫌切得細」。但孔子向來不重視口腹之慾，認為人應該致力於道義的追求，而非衣食的享樂。例如：

《論語・學而》：「子曰：『君子食無求飽，居無求安，敏於事而慎於言，就有道而正焉，可謂好學也已。』」

《論語・里仁》：「子曰：『士志於道，而恥惡衣惡食者，未足與議也。』」

《論語・述而》：「子曰：『飯疏食飲水，曲肱而枕之，樂亦在其中矣。』」

《論語・衛靈公》：「子曰：『君子謀道不謀食。』」

可見，這句話的關鍵是那個「厭」字。劉寶楠《正義》說：《周語》「不可厭也」，韋《注》：「厭，足也。」《晉語》「民志無厭」，韋《注》：「厭，極也。」夫子疏食飲水，樂在其中，又以士恥惡衣惡食為不足與議，故於食膾皆不厭精細也。程樹德《論語集釋》：劉氏《正義》之說，尤為圓足，故從之。

其實，這句話的意思是：吃飯不過分地追求精，食肉不過分地追求細。孔子是說人們不要僅僅著眼於生活，貪求食物的精細。

定格・被凝固的優雅

上車的鏡頭本來是動感的，但是卻在這裡定格。

　　升車，必正立，執綏。車中，不內顧，不疾言，不親指。

升車：上車、蹬車。執綏：抓住上車時的繩索。內顧：回頭看。疾言：快速地說話。親指：用手指指點點。

上車的時候，先是端端正正地站好，然後拉著扶手帶上車。在車裡面，不回頭看，不快言快語地說話，不用手指指點點。車輪滾滾向前，車中的孔子，如石不動，有著凝固般的優雅。相反地，若是一個人在車內搖頭晃腦、東張西望、左顧右盼、指指點點、閒言碎語，人們所能感知到的，只有無知與淺薄。

　　《鄉黨》記述說：雖疏食、菜羹，瓜祭，必齊（齋）如也。

疏食：粗飯，是相對於糧食而言，因為古人以稗食為粗食。菜羹：以菜和米屑為羹，即有菜有汁之類的食物。瓜：北方常用之物，有生食和熟食兩種。雖然是飯前疏食、菜羹和瓜祭之類薄祭，也一定要與齋戒一樣嚴肅恭敬。

這是孔子飲食的禮節。《禮記・雜記》中記載：「孔子曰：吾食於少施氏而飽，少施氏食我以禮。吾祭，作而辭曰：『疏食不足祭也。』吾飧，作而辭曰：『疏食也，不敢以傷吾子。』」可見，這種齋祭是孔子所注重的。

其實，孔子的溫文爾雅表現在各個方面。例如《鄉黨》記述說：

　　席不正，不坐。

席的佈置不合禮制，孔子不坐。

孔子的優雅體現在他生活的點滴中。

深情・不矯情

孔子的優雅，絲毫不意味著他的拘謹和拘泥。《論語》編者在編輯《鄉黨》篇的時候，故意安排了以下這章，用意深刻：

> 寢不屍，居不容。

這裡記述孔子生活起居的形態。所謂「屍」，是指扮作父祖形象並代父祖之神受祭之人，引申為矜莊的樣子。

對於「寢不屍」，自古對該句的理解頗有爭議。「屍」，有的理解為死屍之屍，有的理解為祭祀之屍，有的理解為臥為伏。所謂「居不容」，是指平時閒居家中，不必如上朝或參加祭奠時之威儀肅穆，而應順乎自然，申申如也，夭夭如也。居，是指平時在家的時候。

孔子休息睡覺的時候，沒必要像祭祀那樣矜持的樣子。平時居家時，沒必要美容打扮，或者像做客人時那樣恭敬莊重。

但是，在與他人的交往中，孔子卻是認真嚴謹的。《鄉黨》記述說：

> 朋友死，無所歸，曰：「於我殯。」

所：處所；歸：歸置；殯：停放屍體、靈柩，這裡是說為其舉行殯葬之禮。客死他鄉的朋友，沒有地方歸置。孔子說：「我來為他舉行殯葬之禮。」這是孔子對待死無所歸的朋友的態度。

《禮記・檀弓》曰：「賓客至，無所館，夫子曰：『生於我乎館，死於我乎殯。』」《孔子家語・曲禮子夏問》曰：「客至無所舍，而夫子曰：『生，於我乎館。』客死無所殯矣，夫子曰：『於我乎殯。』敢問禮與？仁者之心與？」孔子有一顆偉大的仁愛之心，他所幫助的人，都是需要的人。

《鄉黨》又記述說：

> 朋友之饋，雖車馬，非祭肉，不拜。

對待朋友饋贈禮物的不同態度。孔子把祭肉看得比車馬還重要，因為祭肉雖小，但關係到「孝」的問題。

分送祭肉的制度與古代的禮制有一定關係，西周春秋時祭宗廟的肉稱膰（又稱胙），祭社的肉稱脤。所謂「國之大事，在祀與戎。祀有執膰，戎有受脤」，一般只有在位的貴族才能參與祭祀，分享到祭肉。同姓貴族共祭共食，不同姓的貴族也互相饋贈祭肉，分享祭肉就成了維繫貴族統治者的一條紐帶。

朋友饋贈的物品，即使是車馬這樣貴重的禮品，只要不是祭肉，孔子接受的時候也不道謝。很明顯，朋友之間的相互給予是應該的，孔子對別人這樣，他認為別人對自己也是一樣，這是人之常情、朋友常規。

我是誰？怎樣做？

色斯舉矣，翔而後集。曰：「山梁雌雉，時哉時哉！」子路共之，三嗅而作。

《鄉黨》的末章，是一幅至美的畫面。孔子與弟子子路走在山間，不遠處有幾隻野雞停留在那裡。那幾隻野雞看到來人，機警地飛起來，牠們盤旋飛翔一陣子，在遠處飛落到了一塊。孔子看到這一情景，感歎地說到：「山梁上的這些雌雉，得其時啊！得其時啊！」孔子認為，這些野雞能夠遠害避險，能夠看到自己所處的形勢。這時，子路悟出孔子所要表達的意思，也非常感慨，遂不無俏皮地向牠們拱拱手。這批野雞見狀，便振振翅膀飛走了。

這幅美的畫面中有著至深的寓意，關於「時中」，孔子常常說到，他強調說：「君子而時中。」在孔子看來，「中」是最高的智慧，「中」就是合理，就是剛剛好。

我們再隨著一組組鏡頭，回想孔子的表現，無論是回到老家還是在朝堂之上，無論是事上還是待下，無論是接待來訪的使者還是出訪，無論是穿衣還是吃飯，無論是恭謹還是放鬆……，他的所有表現就是「剛剛好」，就很「中」。

何為「君子而時中」？人的表現到底是「中」還是「不中」，與時空有著緊密的聯繫。也就是講環境變化了、時代變化了，「中」的標準也同樣隨著變化。同一種言談，比如親密嬉笑，與好朋友之間就「中」，對初次見面的人可能就「不中」；同一件毛衣，冬天穿就很「中」，夏天穿就「不中」；也是這一件毛衣，在玉山頂峰穿就「中」，在墾丁穿可能就「不中」。

魯哀公曾經問孔子一個問題：「先生，您穿的是儒服嗎？」

孔子說自己小時候住在魯國，穿著寬大的衣服。長大後在宋國居住，戴著殷商時期被稱為「章甫之冠」的黑布帽子。我不知道什麼是儒服、自己穿的是不是儒服，但我知道一名君子博學，為的是「以服其鄉」，衣著要入鄉隨俗。

入鄉隨俗就是「中」。入鄉隨俗，也意味著與時俱進。每個時代都有每個時代的要求，時代的發展是多種因素的集合。比如，在當今的社會中，國際通用禮儀就是握手禮。這就是在當下的時代裡最適合的社交禮儀。那麼，古代的鞠躬禮好不好呢？這不能以好或不好來衡量。只能說在特殊的場合可以用，對待特殊的人可以用。若是在日常交往之中，見了面就向人深深鞠躬，讓人感到的只有突兀、不自在，就「不中」。所以，「中不離時，時不離中」。積極融入環境，在新時代發揮價值，就是「君子」，就符合「時中」之道。

融入環境，適應環境，意味著要知道環境的變化，要知「時」，知進知退，審時度勢。知「時」，才有機會實現「中」，才可發揮「中」，才是真正的「中」。野雞尚且如此，何以人而不如野雞？

說到這裡，我們可以產生許多聯想。例如，我們知道自己是誰？將要走向哪裡？自己的腳步走得穩健嗎？打個比方，我們讀大學，四年以後要畢業。讀碩士，三年以後要畢業。有的專業畢業以後卻不好找工作。可是，現在的一般情況是，哪家公司都不缺「人」，也許哪家公司都缺的是「人才」。所以，孔子說的那句話就很重要了：

> 不患無位，患所以立。不患莫已知，求為可知也。（《論語・里仁》）

你不要擔心「有沒有你的位置」，你首先應該自問：「自己能做好什麼」。無論是讀大學，還是念碩士，何時要畢業你一定很清楚，那麼，你現在做什麼就應該很明白了。對你來說，現在的「時」是學生，現在的「時」是過幾年以後要畢業，現在你了解的「時」是找工作不容易，那麼，你該怎麼辦就該很清楚了。所以，一個人不能不清楚自己所處之「時」，君子要「因時行止」。

其實，對誰來說都一樣。你知道你是誰嗎？你知道你將走向哪裡嗎？如果你有興趣了解「易道」，你就首先應該了解到《周易》「卦以藏時」，它給我們的啟迪就在這裡。《淮南子・人間訓》也說：

> 古者，五帝貴德，三王用義，五霸任力。今取帝王之道，而施之五霸之世，是由乘驥逐人於榛薄（叢雜的草木），而蓑笠盤旋也。今霜降而樹穀，冰泮而求獲，欲其食則難矣。

五帝、三王、五霸，時代已經不一樣，行事時必須注意到這一點。了解「時」，才能把握自己的人生，採取對應的管理策略。如果了解「時」，你就應該努力做到「時變」，因為你必須知道的道理是：

因日以動，因夜以息，惟有道者能行之。（《淮南子‧人間訓》）

只有境界高的人才懂得並能把握自己的消息。那麼，我們懂得自己的「消息」嗎？孔子告誡人們：

君子進德修業，欲及時也，故無咎。（《易‧乾‧文言》）

一個有修養的君子，要懂得「進德修業」。「進德」就是提高德性，「修業」就是提高才能。一個人只是好人但沒有本事不行，光有本事不是好人同樣不行。為什麼要「進德修業」？「欲及時也」。「欲」是打算，「及」就是遇到，「時」就是機會。機會總是給有充分準備的人留著。一個人「進德修業」，不忘要提高德性、增長才能，這樣，才能把握屬於你的機會。這就是一個人的「時」，把握好了，就是做到了「時中」。

《鄉黨》這一章也是《論語》上半部的最後一章，與《論語》的首篇首章「學而時習之」遙相呼應。知行合一是至高的追求，只有做到知行合一，知時處中，方可實現至廣大而又盡精微。但是，唯有德行昌隆的人，才可於身心化為一體，自然而然，這需要更多的學習與修養。

最後，再一次回首《鄉黨》全篇，看到的是彬彬有禮，處處在表達「中」，最後又專門講到「時」。由此可知，至高哲學就在生活中，生活本身就是至高哲學的表現。宗廟朝堂、宗族鄉里、衣食住行均不離此，堅守價值，追求卓越，一絲不苟。在擴大和發展自然意願和本能中，在保持對他人的有禮和尊重中，尋找到的美好生活是喜悅的，是靜定，也是恆久。

《論語》小學堂

「齊，必有明衣，布。齊，必變食，居必遷坐。」──《鄉黨》

＊孔子要求自己內外兼修，在齋戒中可以好好的省視自己的內心，透
　過對外顯舉止的要求與調整，內心也會慢慢往好的方向改變。

第十一章

仰望與追隨

　　與孔子思想的內在邏輯相互一致，《論語》首篇圍繞「做人」而展開，主要談論由孝而忠等修身做人的問題。以下各篇，分別談為政以德（實行德政、教化）、守禮明禮（禮治的價值、意義）、擇仁處仁（修德、修身）、評論古今人士、議論賢人君子及仁知中庸之德等，層層剝離。

　　到《子張》這一篇，已經是《論語》的第十九篇。《論語》共二十篇，到此已經接近尾聲。在本篇中，多見「子張曰」、「子夏曰」、「子游曰」、「曾子曰」，還有「子貢曰」，獨獨沒有「孔子曰」。看似是不同人的聲音，其實發出的都是相同的腔調，其源頭來自於「聞諸夫子」，都是「從我的老師孔子那裡聽來」，實在是靜深有本。

　　按照《論語》的邏輯，整部《論語》的編排在尾聲有這樣的安排，就非常地巧妙了。它的本質在講火種的傳續，也就是「仰望與追隨」。何為「火種的傳續」？無非道的傳承。在孔子之前，有許多先賢聖哲，他們點燃了盞盞明燈；在孔子之後，他的弟子們，是火種的傳續。過去、現在、未來連成一條線，先生、後學也是一條線，融成一個完整的生命。

　　他們仰望孔子，是在仰望由孔子所代表的天地之道。

　　　　子曰：「天何言哉！四時行焉，百物生焉，天何言哉？」（《論語・陽貨》）

　　天地不言，日月西去，春水東流，它們從來都不說話，但是「利萬物而不爭」。人的生命當是要受其感召，奮發有為。

　　　　子曰：「出則事公卿，入則事父兄，喪事不敢不勉，不為酒困，何有於我哉？」（《論語・子罕》）

　　他們追隨孔子，本質上是在追隨人心正理。人心正理，不離朝堂之上，事公卿要盡心盡力；不離鄉里之間，對父兄要盡孝盡敬；喪事不敢不盡禮；不為酒所困，就真的沒有什麼可擔心之處。

　　所以，學習的目的是為了融入，不是為了背離。孔子一生弟子三千，賢人七十二，悟道超凡者，數不勝數。這些弟子們是如地有種，就像種子，含藏長

養，成熟其實，一相一行，都是如此。佛家的語言為「定證妙果」，也可以稱之為桃李芬芳。

孔子的腔調

這一章，無論是誰在說，仔細聽都是孔子的腔調。是不是如此呢？

> 子張曰：「士見危致命，見得思義，祭思敬，喪思哀，其可已矣。」

致命，就是以命相託，全力以赴。

何為見危致命？見到危險可以全力以赴。在孔子心中，他不欣賞一個人做無謂的犧牲。如果有人赤手空拳和老虎打一架，有人可以徒步涉水，渡過湍急的河流，孔子說我不和這樣的人同行。為何要赤手空拳和老虎打一架呢？一個人赤手空拳和老虎打一架勝算的把握大不大、多不多呢？除非是武松。

孔子不主張人們做無謂的犧牲，但是，如果是關鍵時期，是危險時刻，需要有人擔當，孔子欣賞可以有人站出來，勇於擔當。他欣賞公冶長，他認為公冶長雖然在牢獄之中，但不是他的罪過，把自己的女兒嫁給公冶長。

在孔子看來：

> 志士仁人，無求生以害仁，有殺身以成仁。（《論語·衛靈公》）

此言可與「見危致命」互為作注。子張說：「見得思義」。儒家不是不談利，是不奢談利，凡談利的時候就要放一個校正器在前面，這個校正器就是「義」，即為「見得思義」。

孔子怎麼講？

> 子曰：「富與貴，是人之所欲也，不以其道得之，不處也。」（《論語·里仁》）

此言可與「見得思義」互為作注。

子張還說：「祭思敬」，孔子說：「祭神如神在」。「祭神如神在」，即是最高的崇敬。子張說：「喪思哀」，悲傷、哀痛是喪事主要的情緒。孔子認為，即便是「喪思哀」，也要適可而止。為何要適可而止？根據《孔子家語》的記載，子路的姐姐去世，喪期已經過去很長時間，可是子路還是不肯將喪服除去。孔子就問他為何這樣？子路說自己兄弟姐妹非常少，源於傷心、不忍心。孔子講，世上的人多有不忍心。但為什麼要制定喪禮？就是要有所節制。就是因為有人不忍心，才要有所節制。不能因為傷痛，不能因為去世的人而防礙了在世之人正常的生活。

想一想，親人離世，哀傷不忍確是人之常情。但不能因為去世的人，妨礙了在世之人的正常生活，這就是人心與人性。無論是正還是反，總之，是中正平和。

認真聆聽，子張講了四句話，句句都是孔子的腔調。雖然只有短短的四句話，卻涵蓋了天地和生死。面對得與失，面對生與死，應該持有怎樣的態度，這是對一個人人格與情操的考量。

在天地生死間，應該持有的態度可以稱之為美德，稱之為道。執守奉持，篤行誠意，弘揚光大，廣度有情，散佈將來，即為執守美德，即為信守大道。但是，若美德在卻不弘揚，自認為通達卻不認真篤行，終日說德話道、身心並不執行，對於這一種人，實在沒有什麼好談論的。

　　　子張曰：「執德不弘，通道不篤，焉能為有？焉能為亡？」

當然，這些人更沒有資格來評論道德的有與無、對與錯、重與輕。實在是「焉能為有？焉能為無？」，不可與語。

執守、追隨大道，需要好學

要做到執揚美德，信守大道，需要知行合一。孔子的弟子宰予非常聰明，是孔門十哲之一，言語科的代表。可是他「晝寢」，大白天睡覺，孔子非常生氣，說他是「朽木不可雕也，糞土之牆不可圬也」。這宰予大白天睡覺，還能學到孔門十哲，成為言語科的代表，可見他的天分非常好。可是，孔子並不欣賞。孔子欣賞的是：

> 驥不稱其力，稱其德也。（《論語·憲問》）

孔子更欣賞一個人後天的努力。對於宰予，孔子說一開始自己聽到一個人說什麼就信他什麼，是「聽其言而信其行」。自從有了宰予，就知道應該「聽其言而觀其行」。不僅要聽他說什麼，更重要的要看他做什麼。

要做到知行合一，需要好學。關於好學，講求態度，通曉內容，還需要具體的方法，這一切是什麼？

> 子夏曰：「日知其所亡，月無忘其所能，可謂好學也已矣。」

日知其所亡，就是時刻提醒自己，我知道我不知道什麼。因為知道有不知道的內容，學習就有了空間。月無忘其所能，還要時刻警醒自己，我知道我學習的內容需要溫習和鞏固。因為有溫習和鞏固，才有沉澱和積累。不至於成為「黑瞎子掰棒子」，把一片玉米地的棒子都掰完了，最終卻只拿著一個玉米棒子走了。

子夏認為做到這兩點就是好學了。這的確是學習之道路、修己之門徑。顧炎武著有《日知錄》，就取名於此。後有企業提出「日清日高、日事日畢」的管理理念，大約是淵源於此。

有人將學習分成五個階段：

（一）我不知道「我不知道什麼」。無知和懵懂。

（二）我知道「我不知道什麼」。意味著學習有了空間，因為知道自己不知道，所以要學習。

（三）我知道「我知道」。因為知道自己知道，意味著要做好，要做到最好。為什麼？因為自己知道啊！知道，當然需要做好。

（四）我不知道「我知道」。怎麼還會有人不知道自己知道？有些打字的高手，把手放在鍵盤之上，字就出來，若是問他按了什麼字母，打出了字，他不知道。鋼琴高手亦如此。熟能生巧，習慣成自然的時候，就會成為「我不知道我知道」。

（五）我知道「我不知道」，並知道「我知道」。意味著一個人開始有全面的自我反省。自知和自省是一個人非常重要的能力。

子夏談完好學的態度，即為「自知自省」，即為「日積月累」，接著將話題轉到好學的內容與具體方法。

子夏曰：「博學而篤志，切問而近思，仁在其中矣。」

切問：問自己還未領悟之事。近思：切近實際地思考問題。

所好學的內容是「學道」與「行仁」。為實現這些，就需要自己在「大與小」、「遠與近」、「心與行」、「問與思」之間馳騁與實施。博學，但始終不偏離中心，即為「篤志」、「一志」，而非三心二意。切問，同時內心進行深入思考，如此才會有得，才會真正解決問題。這樣一來盡心盡力，仁就在其中了。相反地，蘇氏曰：「博學而志不篤，則大而無成；泛問遠思，則勞而無功」，當是要警醒之。

那麼，如何才能博學而篤志、切問而近思？

子夏曰：「百工居肆以成其事，君子學以致其道。」

百工：指各種工匠，泛指各行各業。肆：古代工匠勞動的地方，代指工作職位。致：達到。

上章言：「博學而篤志，切問而近思」，本章即是最佳的論證。各行各業的人都需要在日日居其常業之處，在工作職位上建功、立業。君子需要日日居於學道、行道的路上，信念堅定，博學篤志，實現理想與追求。學道、行道的路在哪裡？還是要落腳到各行各業。無論是君子，還是百工，職位即是道場，

都需要立足本職，爭創一流業績。這樣一來，君子與百工，人人都可以成功。

需要注意的是，無論是君子，還是百工，一定是立足本職，幹好分內的活，才能建功立業。可是，有些事情不學也能做，有些器物不學也能用，還學習做什麼呢？對於學習，子路還曾經心存疑問。他說：南山上的竹子，不用規矩矯正，長大了自然直。這樣的竹子，鋒利得很，直接可以刺穿犀牛皮。比如一名廚師，不用學習，也會切馬鈴薯。再如一名清潔工，不用學習，也可以打掃。那麼，還需要學習嗎？

孔子回答子路，說：還是這根竹子，若是在箭栝處安上羽毛，將箭頭磨得極其鋒利，刺犀牛之時豈不更穩、更準、更深？

看似有些器物不學也能用，有些事情不學也能做，學習的功效恰恰在於明確方向，更有效率、更加堅定。切馬鈴薯看似不用學習，可是經過學習會切得更均勻，一名廚師經過學習才可以成長。打掃看似不用學習，可是經過學習，各項標準可以更加符合要求。據說，迪士尼樂園的清潔工要培訓一個月才可以正式上班，他們的目標是把清潔人員培訓成明星。

所以，對於一名有理想、有追求的君子來講，學習才是真正的源頭活水。很多事情，在現有的能力水準內也能做，然而若是追求更有效率、更有品質，就一定離不開學習。學習不僅代表著從書本上學，還意味著向品德好、業務好的前輩同事學，向老師同學學，不僅是學習業務知識，還要學習為人的分寸。最終，透過學習提升視野、心胸和格局。最終落腳於學道，行道，以成道。

本與末

在仰望、追隨的過程中，何為根本？人們在思考，在討論。

> 子遊曰：「子夏之門人小子，當灑掃、應對、進退，則可矣，抑末
> 也。本之則無，如之何？」子夏聞之，曰：「噫！言遊過矣！君子之道，
> 孰先傳焉，孰後倦焉？譬諸草木，區以別矣。君子之道，焉可誣也？有
> 始有卒者，其惟聖人乎！」

在子游看來，子夏的學生，做一些打掃、接待賓客的工作還可以，可是這
些只是末節，若討論先王之道，就不行了。

子夏聽說後，說：「唉！言遊說錯了，對於先王之道，哪些先傳授呢，哪
些後傳授呢？這好比花草樹木一樣，應該區別對待。怎麼可以隨便歪曲先王之
道呢，能有始有終把先王之道傳授給學生的，那只能是聖人吧！」

子游認為，子夏教他的弟子的可能都是一些細節，就好像是一些灑掃、應
對進退的事情，不是根本所在。在子遊看來，這是「末」，是「小道」。是呀，
如果天天做些打掃、接人待物、應對進退的小事情，豈不就是「末」？

但子夏不同意子遊的看法。子夏認為，有時候，追隨大道，尋求個人的成
長，需要從腳下開始，從具體的行為、細節開始，不能好高騖遠。

如果只是著眼於灑掃、應對進退之節，當然不可以。古代進行教育，在八
歲開始的小學階段，就是學習灑掃、應對進退的禮節，學習禮、樂、射、禦、書、
數的知識。從十五歲左右的時候開始，貴族子弟、才智傑出的人，進入大學，
被教授窮理、正心、修己、治人的道理。這被稱為「大、小之節所以分」的事情。

看來，他們各有道理。「末」離不開「本」，「本」抽繹出來「末」。沒
有無「本」之「末」，「末」也連接著「本」。關鍵是處理好二者的關係，認
清先後，抓住根本！

子夏認為，對於先王之道，先傳授哪些、後傳授哪些，要根據具體情況區
別對待。這好比問是南方的水土好，還是北方的水土好。關鍵要看栽什麼花，

種什麼樹。

看來，傳道應從淺到深，循序漸進。「本」與「末」，「大道」與「小節」，「大德」與「小德」，都是相對而言。從「小節」入手，並非忽略「大道」；重「大道」，也未嘗不注重「小節」。「小節」支撐「大道」，由「本」及「末」，由「末」通「本」，當能游刃而有餘，方是傳學之道。

大孝

在本篇，曾子談到一個話題，他首先聲明，他所講的評論是「吾聞諸夫子」，是聽自己老師所言。

> 曾子曰：「吾聞諸夫子：孟莊子之孝也，其它可能也；其不改父之臣與父之政，是難能也。」

曾子說自己聽老師說過：孟莊子的孝，其它的都容易做到，而留用他父親的家臣，不改變他父親的施政綱領，這是別人難以做到的。

孟莊子的孝順，最可貴的地方在於「其不改父之臣與父之政」。為何這一點可貴，卻又難以實現？這個話題關乎真正的孝，關乎大孝。

> 子曰：「夫孝者，善繼人之志，善述人之事者也……踐其位，行其禮，奏其樂，敬其所尊，愛其所親，事死如事生，事亡如事存，孝之至也。」（《中庸》）

真正的孝在於生生不息，在於使事業得到傳續。對於「父之道」的理解與掌握，當是父之臣最為綜合與全面，這是多年相處的磨礪，用是臣，守此政。

俗話說：「一朝天子一朝臣」。新的接班人上任，多是要顯示「我」的力量，當務之急莫過於團隊的重組，希望創新，談論「傳」、「繼」的話題。不是講創新不好，而是「溫故而知新」，在傳承的基礎上創新、繼往開來才是正道。只有真正的傳承，才會有真正的創新與發展。否則，多會以創新、發展的名義，做了些索隱行怪、沽名釣譽的事情，並無實效可言。

如此看，要做到「不改父之道，不變父之政」，真正需要的是後來的人要將那個「我」放在一邊，將「小我」丟棄，「大我」才會現身，而做到這點是很難的。但越是難，才越顯可貴。

孔子師承何方？

衛公孫朝（衛國大夫）問子貢，孔子師承何方？孔子是很多人的老師，不知這老師的老師是何方高人？子貢沒有回答孔子師承於何人，而是針對「文武之道」來講述。

> 子貢曰：「文武之道，未墜於地，在人。賢者識其大者，不賢者識其小者。莫不有文武之道焉。夫子焉不學？而亦何常師之有？」

周文王、周武王已經不在了，但是「文武之政」卻「布在方策」，木牘上、竹簡上寫得清清楚楚。魯國作為周公的封地，執著、完備地留有宗周傳統。文武之道亦在民間，在日常倫理中發揚。對於這一切，賢達之人可以抓住根本，不賢之人也能了解末節。總之，生活處處皆學問，生活就是最好的老師，無處不是天地之理，無處不是文武之道，孔子無處不學習。

孔子「入太廟，每事問」；他「信而好古，敏而好學」；他「多聞，擇其善者而從之」；他問禮於老子；問官制於郯子；向師襄學琴；向萇弘學樂。他還駐足觀東流之水，談論土的美德，向天地自然學習……。正因為如此好學，「學無常師」，才成就了孔子的博學多聞，孔子才能集大成。

關鍵是得其門而入

叔孫武叔在朝堂之上奉承子貢，闊談「子貢賢於仲尼」。子服景伯將這話傳給了子貢。子貢沒有沾沾自喜，反而作了個比喻：

> 譬之宮牆，賜之牆也及肩，窺見室家之好。夫子之牆數仞，不得其門而入，不見宗廟之美，百官之富。得其門者或寡矣。夫子之云，不亦宜乎！

子貢說，自己與老師的差別很大。他認為，就好比是房屋的圍牆，我子貢的只有肩膀那麼高，別人站在牆外很容易看見家裡的東西。但我老師孔子的牆卻有幾個人那麼高，找不到進去的大門，就看不見「宗廟之美，百官之富」。

值得注意的是，子貢認為能找到大門而進去的人或許很少吧。正是因為找到大門的人少，看到真相的人少，那麼，叔孫武叔這樣說，也在情理之中。

子貢所說的「得其門者或寡矣」這句話很重要，走近孔子，走近聖王之道，還是要找到關鍵處！關於宗廟之美，就如同在景山之上，俯瞰紫禁城，巍峨殿宇，黃瓦飛簷，連綿成片，見其整體之美、壯觀之美、渾厚之美。

關於百官之富，有人認為這裡的「官」應指房屋，其後才引申為官職的意思。實際上，這裡的「百官」應指各種各樣的房屋。在先秦典籍中，「百官」指眾官吏，也十分常見。「百官之富」是指做官為了求得財富嗎？但是，孔子說：「君子謀道不謀食」，同樣是富，這裡的「百官之富」恐怕更是指生命的富有，履行職責的美好。有了這樣的認知，由百官至百工，就不僅僅是一份工作、一份差事、一份謀生的工具，而是一種生命。自己的生命可以與之交融、參照，進而得到昇華，融入到一個更加廣闊、久遠的時空隧道，於是就有了永恆。

唯有珍貴之品，才可成就永恆之美。這份永恆，這份生命的質感，這份壯觀，就是「宗廟之美、百官之富」了。子貢的話實在是富有含意，引人深思。

叔孫武叔在上一章只是講「子貢賢於仲尼」，接著在下一章中，他居然直接「毀仲尼」，就是詆毀孔子。

　　叔孫武叔毀仲尼。子貢曰：「無以為也！仲尼不可毀也。他人之賢者，丘陵也，猶可逾也；仲尼，日月也，無得而逾焉。人雖欲自絕，其何傷於日月乎？多見其不知量也。」

　　這回，還是子貢站了出來，他說：「這樣做（詆毀夫子）沒有用，仲尼怎是可以詆毀得了的。別人的賢能如同丘陵，這樣的高度還可能跨越過去。而仲尼就像天上的日月，怎麼可能跨越呢？雖然有的人毀謗來自絕於孔子，可是怎麼可能傷得到日月呢？充其量只是自不量力。」

　　事實也是如此，這應驗了那句古話「真金不怕火煉」。正如泰戈爾所言：「真理引起了反對它自己的狂風暴雨，那場風雨吹散了真正廣播的種子。」是昨夜的風雨給今日的清晨灑滿了金色的光芒。或者說，我們距離孔子就是那一公尺陽光的距離，無論如何，都是在陽光的沐浴下生長著。

　　叔孫武叔直接詆毀孔子，陳子禽也認為仲尼不如子貢。子貢怎麼看呢？子貢不但認為孔子如同日月，還如同上天，只能仰望。即便用盡世間所有的梯子接起來也不能夠登上天。其實，子貢善用比喻，正是因為夫子之道至高至大、至寬厚、至深刻，實在是不可做到，才做出這樣的比喻。

　　在《論語》這一篇中，故意進行這樣的比較——那時人以孔子與子貢比較——又讓子貢出來說話，可謂用心良苦！直到今天，人們在評價孔子的意義、傳統文化的價值時，不都是以「利」或者「經濟標準」進行評判嗎？在很多人看來，如果不是子貢這樣一位「成功人士」出面現身說法，哪會有說服力呢？

　　孔子生於周代衰敗的時期，先王典籍已經錯亂無序，於是，孔子就論述歷史遺留下來的記載，考訂其中的義理。他遵循並效法堯、舜、禹、湯、文王、武王、周公等古聖先王，刪訂《詩》，編述《書》，確定《禮》，整理《樂》，寫作《春秋》，闡明《易》道，對後世垂訓，以此為準則。他所教誨過的學生，弟子三千，賢人七十二，如同種子散佈四方，若遇時雨，悉皆萌發，此生足榮。

　　直到夫子去世，孔門弟子們還在討論學習孔子的教誨。人雖去也，思想還在，代代相傳。司馬遷說：

詩有之：「高山仰止，景行行止。」雖不能至，然心向往之。余讀孔氏書，想見其為人。適魯，觀仲尼朝堂車服禮器，諸生以時習禮其家，餘祇回留之不能去云。天下君王至於賢人眾矣，當時則榮，沒則已焉。孔子布衣，傳十余世，學者宗之。自天子王侯，中國言六藝者折中於夫子，可謂至聖矣！

隨著歲月的流逝，司馬遷的話更有意義。孔子曾經困厄，但抖一抖身上的灰塵，又是嶄新的氣象。所謂塵埃落處，再起天香。

子貢講：「如之何其可及也？」不只做到，還要追隨！這個極為重要。知不可及，高山仰止，不是要望而卻步，而是要敬畏，還要有一股「溫情」，孔子來到這個世界，就是為溫暖世道人心。我們在想，為什麼有人說：「天不生仲尼，萬古長如夜」？

千里之行，始於足下。由仰望，而追隨，仰望天地之道，追隨人心正理……。

《論語》小學堂

子夏曰：「大德不踰閒，小德出入可也。」——《子張》

＊大與小、輕與重、常與變，我們為人處事要懂得取捨變通，要顧全
　大局，但不必在細節上太過計較。

第十二章

深入的精神追求

《論語》的第二十篇《堯曰》，是《論語》的最後一篇。該篇講述來自上古時期的文化傳承與文明光照，追尋堯、舜等「明王」的囑咐與叮嚀。孔子自言：「述而不作」，他所「述」的「堯舜之道」、「文武之法」都在本章中。

仲尼自言：「信而好古」，他所好、所信之「古」都在本章。這是古代的王道精神，是由堯、舜、禹、湯、周文王、周武王、周公代代相傳、發揚光大而來。這是中華文明一脈相承的道統，是中華民族最深沉的精神追求。

這樣看來，《論語》不是一個完整的生命體嗎？《論語》首篇和末篇遙相呼應，都是希望人們在呼吸吐納之間靜靜守候，那是生命的氣韻。

是不是如此呢？《論語》的開篇，子曰：「學而時習之，不亦說乎……」孔子說如果畢生之「學」被這個時代所接受，自己將從內心洋溢著喜悅。孔子畢生的「學」是什麼？他的「學」與「堯曰」一致，他是學習堯、舜、禹、湯、文、武、周公等先賢明王，學習他們的王道精神。他希望這個時代接受什麼？希望這個時代接受王道，他畢生所追求的就是「王道行天下」。這自然也是他本人畢生深沉的精神追求。

《論語》第十九章《子張》篇的主旨為「仰望與追隨」。人們仰望孔子，仰望孔子思想所承載的天地之道；追隨孔子，追隨人心正理。我們的先哲仰觀天文，俯察地理。看到日月西去，春水東流，看到一年又一年寒來暑往，思考人在天地間應該有怎樣的生活方式、應該有怎樣的生命完成、有什麼樣的責任與擔當。

對此，孔子的弟子曾參說：

> 士不可以不弘毅，任重而道遠。仁以為己任，不亦重乎，死而後已，不亦遠乎。（《論語·泰伯》）

為何要將「仁」作為自己的使命與擔當？為此而不怕山高路遠，不怕顛沛流離。因為天地有好生之德，春作、夏長、秋斂、冬藏，就有了萬物的生長。天地是人的榜樣，人行走在天地間，理應效法天地之道。

對此，老子曰：

> 人法地地，法天天，法道道，法自然。（《道德經》第 25 章）

傳統上，人們將這一句斷句為：「人法地，地法天，天法道，道法自然」，這樣斷句比較難懂。我們認為，大概「地地」、「天天」、「道道」等與《論語》之「君君」、「臣臣」的用法一樣，「君君」、「臣臣」意思分別是「君之為君」、「臣之為臣」，因此，「人法地，地法天，天法道，道法自然」，意思是人應該像「地之為地」、「天之為天」、「道之為道」那樣，這便是人應該效法天道、地道，像天那樣剛健有為，像地那樣寬厚博大，像道那樣「微妙玄通，深不可識」（《道德經》第 15 章）。

道，很難說清楚。但是，在《道德經》的末章末節，老子還是明確地指出：

> 天之道，利而不害。聖人之道，為而不爭。（《道德經》第 81 章）

人和天地自然融為一體，那麼，有好生之德，利而不害，理應成為人的本分，真正的仁者理應愛人。

透過老子、孔子等先哲的言行，可以看出，他們是在引導我們品思悠久文明所承載的道和理，去品思中華民族最深沉的精神追求。

深沉的精神追求：王道行天下

孔子最深沉的精神追求就是「大同」理想，就是王道行天下，這是堯、舜等聖王已經為中華民族開闢的康莊大道。

試想，如果孔子生活的年代是我們民族文明的初創時期，那麼，孔子學說的「價值」或「超越意義」會打上很多折扣。事實是，在孔子之前，中華民族已經有了幾千年文明歷程，有著豐厚的文化積累，有著自身的精神追求與嚮往。

本篇開始便是堯對於舜的告誡。堯曰：

> 咨！爾舜！天之歷數在爾躬，允執其中。四海困窮，天祿永終。

咨：語氣辭，多有誠心、動情的意思。爾舜：舜啊，「你舜」的意思。天之歷數：日月星辰運行之法，即為天命使然。在爾躬：在你身上。

堯對舜講：「舜啊，按照天命，現在天下的權力要交到你的手中了。」這裡有個問題非常重要，為什麼堯對舜要講到天命的話題？他是講權力的合法性問題。

為什麼權力會交到你的手中？源於天命。如果從字面上來理解，好像天命是源於天意。那麼，天意源於何處呢？真是上天的旨意嗎？事實上，當人們在生活中遇到了困難，渴望得到老天幫助的時候，通常叫天天不應、叫地地不答。

據說，在雅典神廟裡的神像被搗毀的時候，那時的人們突然崩潰，猛然意識到原來在很多時候，神連自己都保護不了，如何能保護人？所以，自助者天助。盡職盡責就是順天意、順天道。天命，不在外，在內。天意，不在老天，在民心。所以，堯才對舜有這樣的告誡和叮嚀，他說：「四海困窮，天祿永終」。

在我們的文化中，這樣的字詞非常常見。比如「四海」表示四海之內皆兄弟；「萬方」表示到處都是；「天下」表示普天之下。它們都是同樣的概念。如果天下的百姓生活得不好，那麼你的天命也要就此止息。違背天意，自然要受到天譴。

如何讓百姓滿意？堯對舜談了四個字「允執其中」。誠誠懇懇地去執行一個字，那就是「中」。「中」是什麼？我們的國家被稱為中國。縱然歷史上有夏、商、周、秦、漢、魏、晉、唐、宋、元、明、清等眾多的朝代，但這就好像是這個國度的「小名」或者「乳名」一般，換了許多，但大名從未更動，即為「中國」。

這個「中」來歷很久，傳承也很久。孔子繼承後，孔子思想的精髓也就在他的「中庸」思想中，他的中庸學說，就來自堯、舜、禹、湯、文、武、周公。

據「清華簡」《保訓》記載，周文王臨終的時候特別告訴他兒子要做到「中」。他認為，只有深入社會、了解社會，了解「民」（就是「清華簡」中所說的「庶萬姓」），才能夠做到處事以「中」。知道了「中」，就要盡力做到「中」，只有處事以「中」，才能更好地處理矛盾，解決問題。

周武王臨終時，同樣希望自己的繼承人周成王做到「中」。所以，武王希望周公輔佐成王，武王對周公說：「先後小子，勤在維政之失。」「克中無苗，以保小子於位。」

「克中無苗」，就是做到適中無邪，就是做到「中」，以保他在位。武王接著說：「維中是以，以長小子於位，實維永寧。」不但要「保」其在位，而且「長」其於位，使他在王位上要儘快成長起來。怎麼成長？要「維中是以」，就是維中是用。

無論是周武王還是周成王，小時候，他們的父親反覆強調要他們做到「中」。「中」這樣地重要，那麼究竟什麼是中？怎麼才能做到中？這就是認識的問題了。

《逸周書・武順解》有這樣的論述，先說：「天道尚左，日月西移」，天上日月星辰都是自東向西；然後說：「地道尚右，水道東流」，從大局來講，都是「一江春水向東流」；最後說，「人道尚中，耳目役心」，人在天地之間，人道與天道、地道並稱為「三才之道」。

　　那麼，人道何以需要「耳目役心」？「耳目役心」是什麼意思？實際上是「耳目役於心」，就是我們都要有心，都要「用心」，要把聽到的、看到的東西去用心過濾，不能看到什麼就是什麼，不要聽到什麼就是什麼，要用心去分析得來的資訊，認真去判斷，這樣才能把握問題的本質。

　　值得注意的是，在該篇的下面，還說：「人道曰禮」。禮，自然就是事物的道理，正如《禮記》中說的「禮，理也」，「理萬物者也」。把握「人道」，就應該了解事物的本質，了解社會和人生的發展規律。不然，要做到中，也只是空想。

　　西周時期有一個職官叫「師氏」。該職官的職責是「掌國中、失之事，以教國子弟。凡國之貴遊子弟學焉」。他負責專門記錄國家發生的一些事情，記錄下來之後進行評論。這些評論就像我們在一些史籍中看到的「君子曰」那樣，用來教育國中的民眾。鄭玄注說：「教之者，使識舊事也。中，中禮者也；失，失禮者也。」合理與否，就看是否符合中道，這是儒家的「中」。

　　這裡說的是「以禮制中」，所以，「夫禮，所以制中也」。由此，我們了解了「中庸」。什麼是「中庸」呢？以前，我們一提到「中庸」，往往將它理解為「調和」、「沒有原則」，其實不是這樣的。

　　關於「中庸」，歷代雖然有解釋，但東漢時期的經學家鄭玄解釋得更好，他說《中庸》這本書之所以叫作「中庸」，「以其記中和之為用也」，他認為：「庸，用也。」他說得很明白，「中庸」就是「用中」，「用中」就是「把握中道」。

　　我們做事、管理的時候，追求達到和諧的狀態。努力達到和諧狀態就是「致中和」，只有達到中和狀態才是「天地位元」，只有「天地位」，才能「萬物育」。「天地位」就是和諧，「萬物育」就是發展，只有和諧穩定才能發展。

　　有這樣一個故事，據說有一個人走鋼絲非常厲害。在懸崖峭壁之間，他行走於鋼絲之上穿梭如雲。有人向他請教如何能夠走得如此巧妙？他說就走在中間。可是他這樣的講法別人能夠學會嗎？學不會啊。別人希望他能夠講得再仔

細一些，如何走在中間？他說當他感覺到向左偏的時候，就向右調整。當感覺到向右偏的時候，就向左調整。所以，他行進的路線是「左左右右，右右左左」。這麼看來，「前途是光明的，道路是曲折的」，的確是如此。「中」，不是一個固定的點。「中」，是一個範圍。身處這個範圍之內極為重要，要做到此，需要保持覺知，對「偏」保持覺知。當感覺到偏向另一邊的時候，不停地校正。所以，「中」也是一個不停調整的過程。

當然，「中」的智慧是如此，又不僅僅是如此，還有很多，需要用心體會。所謂的「允執其中」，奉行中道是王道政治的根本原則。堯將這個根本原則傳授給舜，舜亦將此傳授於禹，繼而被後來的聖王傳續而發揚光大。

本章有個很重要的細節，即履行天命將得到上天的祝福，違背天意將受到天譴。這樣看來，國家之存亡禍福是應該信由天命，還是源於人為？

魯哀公就這問題請教過孔子，《孔子家語·五儀解》篇記，哀公認為國家的存亡禍福，信有天命，人無能為力。孔子不這樣看，他認為存亡禍福都源於自身，天災地妖等反時反常的現象並不能改變國家的命運。

孔子舉了兩個例子：

其一，從前商紂王統治時期，有只小鳥在城牆角生了一隻大鳥。占卜之後，有人講，凡是以小生大，那國家一定會稱王於天下，聲名一定會顯赫。於是紂王憑藉卜辭中小鳥會帶來福祉的預言而不理朝政，殘暴無比。朝臣不能阻止他，外敵前來攻伐，殷朝因而滅亡。自己無道，做得不好，使上天的福祉變為災禍。

其二，殷王太戊統治時代，道統缺廢，法紀毀壞，以致出現反常的樹木生長現象。桑楮（一種落葉喬木）在朝堂上長出，七天就有兩手合抱那麼粗了。占卜的人認為桑楮是野生的樹木，不應生長在朝堂，恐怕是國家要滅亡了吧！太戊異常懼怕，誠惶誠恐地修德，思慮先王的政道，昭明教化百姓的行為。三年後，遠方的國家傾慕他的道義，透過使者輾轉傳譯來朝拜的國家多達十六個。他因為自己的主觀努力改變了命運，將禍兆變成了福祉。

這兩個故事，一個是得到了稱王於天下的徵兆，但最終走向滅亡；一個是得到國家將亡的徵兆，最終多國來朝。這一切主要源於為政者的進德修業，與徵兆又有什麼必然的關聯呢？所以，孔子認為：

> 天災地妖，所以儆人主者也；寤夢征怪，所以儆人臣者也。災妖不勝善政，寤夢不勝善行，能知此者，至治之極也，唯明王達此。《孔子家語‧五儀解》

孔子認為，天降災異、地生妖孽是用來警戒領導者的；各種異夢和怪誕的徵兆，是用來警戒臣子的。災異妖孽鬥不過清明的政治，不好的夢兆鬥不過良好的品行。能明白這個道理，就達到了天下大治，只有賢明的君主才能實現。

面對夏桀的昏庸無道，面對救百姓於水深火熱之中的使命，成湯講了一番話。他說：

> 予小子履敢用玄牡，敢昭告於皇皇後帝：有罪不敢赦。帝臣不蔽，簡在帝心。朕躬有罪，無以萬方；萬方有罪，罪在朕躬。

履：殷湯名。予小子：湯對於自己的謙稱。玄牡：黑色的公牛，祭祀時做犧牲用。皇皇後帝：偉大的各方神靈，也可寓為列祖列宗。有罪不敢赦：凡有罪者，湯自言不敢擅自赦免。帝臣不蔽，簡在帝心：帝臣，天下賢者，皆有天命所在，為上帝之臣。簡，選擇。凡天下賢臣，自是不敢視而不見。

為什麼成湯要講這樣一番話？仍然是要解決權力的合法性問題。他以黑色的公牛祭祀，昭告上天，對於有罪的夏桀不敢擅自赦免。自己的隊伍是一支王者之師，發動的戰爭亦是正義之戰。他要向百姓表明，自己可不是亂臣賊子，不是以下犯上，他是師出有名。

在維護政權的穩定上，又回到老生常談的話題，在得人、得賢人。所以成湯認為凡是天下賢臣，自己不敢視而不見。選「賢與能」，是為人君主的天命使然、職責所在。愛人、選賢，是一名王者的基本職責，是本分，並非對他人的恩惠。認知清晰、到位，履行職責，就可以繼續享有權力，否則，老天就要收走。成湯王還談到，若是自身有罪，和萬千百姓無關。但若是百姓有過，一

定是自身出了問題；社會風俗不正，一定是官風出了問題。

到了周代，周武王褒封天下，予以善人、仁人以富貴，他說自己至親雖多，但是不如尊崇有仁德的人，他「賢其賢而親其親」。親愛親人，禮敬賢士，形成好的環境與氛圍，就處處都是正能量。

清明的政治需要「謹權量，審法度，修廢官」。謹慎的制定度量衡的標準，審訂禮樂制度，整頓廢棄職守的官府工作。這是政治的程序。但是，古代先王追求的是王者風範，他們「興滅國，繼絕世，舉逸民」，恢復幾近滅亡的國家，承繼將要斷絕的賢人之後，舉用「逸民」，使得天下之民歸心。

在《孔子家語‧辯樂》篇中有這樣的記載：武王攻克了殷都，接著就宣佈將當地的統治權交還給殷商的後裔。還未及下車，就封黃帝之後於薊，封帝堯之後於祝，封帝舜之後於陳；下車，又封夏後氏之後於杞，封殷之後於宋，封王子比干之墓，釋放箕子，恢復了他的官職，使百姓奉行商容找到依據。

這讓我們心中非常感慨，想一想這是一份怎樣寬廣的胸懷！想一想古代的王者這樣做的道理。以商朝為例，商紂王非常昏庸，可是他的祖先沒有錯，百姓沒有錯。上至列祖列宗，下到平民百姓，所形成的那塊水土的文化沒有錯。所以，王者的氣度是「興滅國，繼絕世，舉逸民」，恢復那些將要斷滅的國家，繼承那些將要斷滅的文化，舉用那些賢達的人才。

有一家企業在國外併購了很多公司，記者在採訪這位企業家的時候，問到一個問題：企業在國外併購的過程當中，有沒有遇到文化衝突？這位企業家講到他心中裝有六個字「興滅國，繼絕世」。他說他所併購的國外公司，多數是經營已經不善，員工面臨著被開除的命運。他併購，不是爭奪權力，而是「興滅國，繼絕世」。為的是使這些企業起死回生，使那些員工安居樂業。

有這樣的理念在心中，他們所到之處暢通無阻。之所以能夠有這樣的情懷，說到底是源於對生命的尊重，是源於對於生命本身的慈惠之心。回到生命的本質，關注生命的本分，自然贏得人們的心悅誠服。

王道精神實施：尊五美，摒四惡

自堯、舜、禹、湯、文王、武王、周公一脈相承的王道精神，是政治的根本原則。那麼，王道精神如何實施，根本原則怎樣變為具體的施政方針、施政綱領呢？

孔子認為，最重要的是做到「尊五美，摒四惡」。要尊崇哪「五美」？要摒除哪「四惡」？

對於五美，孔子曰：

惠而不費，勞而不怨，欲而不貪，泰而不驕，威而不猛。

一美，美在對他人的慈惠。惠在百姓，不破費在己。無我是為了有他。

二美，美在擇可勞而勞之。哪些人可勞？當然是賢能之人，所以要「選賢與能」。不僅無怨，還樂意。知者，知人，強弱異任。對於普通的百姓，履行基本職能，並不引導他們做力不能及、好高騖遠之事。人人都可以成功，用今天的話講，人人都可以實現自己的夢想。

三美，美在中正之慾。談到「慾」，有人談「慾」色變。其實大可不必，關鍵在於慾什麼？是慾行仁於天下，行王道於天下，還是僅僅是行自己的一己私慾？中正之慾是無貪之慾。沿著一己私慾走下去，將找不到歸來的路。

四美，美在泰然處之。關於「泰」與「驕」，孔子曾說君子是「泰而不驕」，小人則是「驕而不泰」。君子在多與少、大與小、果敢與怠慢之間從容中道，泰然處之。

五美，美在威儀翩翩。談到威，到底如何威？君子不重則不威，就是這「正其衣冠，尊其瞻視，儼然人望而畏之」。自尊，尊人，被人尊；自敬，敬人，被人敬；自愛，愛人，被人愛；自知，知人，被人知；自信，信人，被人信。相反地，自欺，欺人，被人欺；自負，負人，被人負。老子說：「夫物芸芸，各複歸其根。」一切都會回到自身。在生命行進的路程之中，選擇走在大道上，與美德相伴，尊人，敬人，愛人，知人，信人。

五美的極端在「費」、「怨」、「貪」、「驕」、「猛」五字，相反就是美。

關於四惡，孔子曰：

> 不教而殺謂之虐；不戒視成謂之暴；慢令致期謂之賊；猶之與人也，出納之吝謂之有司。

一惡即為虐百姓。不要認為只有對於百姓實施酷刑，或者橫征暴斂才是虐待。其實，沒有好好教育就處罰就是虐。在孔子看來，在上位的人推行教化不力，價值觀顛倒，是非不明，百姓就容易手足無所措。這種情況下，犯了罪，罪責不在老百姓。孔子欣賞正面示範，反對不教而殺，更不會讚揚「釣魚執法」。

二惡即為行暴政。不加警戒，便要求成功。沒有警戒，就沒有預防措施。沒有預防措施，陷入困境的機率就高，成功的機率就低。施政者（領導者）的職能就是要引導百姓，高明才能覆照萬物，才有能力保護百姓。反此，就是「暴」了。

三惡即為害百姓。一開始沒有管理，突然要求限期內完成。由於管理者的失職，把握不好，最終超出百姓的承受範圍，實在是害百姓。

四惡即為小氣。主要是指對百姓小氣，這種人往往對自己「大氣」，像是某些管理人事的官員，不明白權力要如何使用。若權力不能為他人帶來慈惠，若當官不為民作主，就「不如回家賣紅薯」。這種人，實在是「不知命」。

這「四惡」的共同點，就是「緩於前而急於後」，在教化與處罰、過程與結果、出與入之間薄前厚後，本末倒置。一旦本末倒置，往往就天翻地覆。

這樣看來，孔子對於為政者的要求是高的。因為責任大，理應要求高。知道官不是那麼好當，就更應該恪盡職守，以一顆誠敬之心，兢兢業業，夙夜為公。不作為，也是貪污。權力濫用，破壞性極大。

由堯開始，到舜、禹、湯、文王、武王、周公，再到孔子，他們有共同的理想和追求。他們都希望天下安泰，百姓安康，甘其食、美其服、安其居、樂

其俗。面對這樣深沉的精神追求，我們的先聖哲王並非僅停留於理想層面，更有具體的行動，他們關注弱勢群體，建立溫暖的社會環境，引發正能量，使得近者悅服，遠者來附。這樣深沉的精神追求，代代相傳，奮鬥不已。這樣深沉的精神追求，是「天下之民歸心焉」，是「全社會意願和要求的最大公約數」。

這樣的「道」，要被「知道」，更需要「行道」。但是，面對那個「禮崩樂壞」、「苛政猛於虎」的亂世，「知道」不易，「行道」更難。可是，周文王已經不在了，這關乎人文、化民成俗的職責難道不在「我」的肩上？既然這是一份天命，即使是「顛沛必於是，流離必於是」，也要擔得起。

對此，孔子曰：

> 不知命，無以為君子也。不知禮，無以立也。不知言，無以知人也。

知命、知禮、知言，進而做君子、有擔當、立己、知人。到此，《論語》整部書就首尾貫通了。孔子堅信人生要有追求，堅守不變，追求的就是以王道行天下。

看到孔子的執著，再來品思「中華文化積累著中華民族最深沉的精神追求」，原來我們的文化不僅追求王道行天下，還有著堅忍不拔、不捨不棄的DNA，自然可以生生不息、發展壯大。責任、擔當、使命這樣的字詞將與自己感通，堅毅地凝視遠方，專注地把握當下，關注的不再是瞬間，而是綿延⋯⋯。

這樣深沉的精神追求，至今仍是中華民族生生不息、發展壯大的豐厚滋養，也是關乎世界前途、人類命運的人文情懷。如果這樣的精神追求在世界範圍內更多地被「知道」、「行道」，這將是中華民族貢獻給世界的最為偉大的禮物。要品思這樣美好的、深沉的精神追求，真的需要將《論語》仔細看看。

《論語》小學堂

子曰：「不患人之不己知，患不知人也。」──《學而》

＊孔子一生顛沛流離，為志向勞碌奔波，即使在有生之年沒有實現抱
　負，但他會因此失望、難過嗎？孔子不怨天、不尤人，他不擔心別
　人不了解自己，憂慮的是本身的修學，無法對身旁的人以及社會大
　眾產生好的影響。至於懷才不遇只當天命，那不是他可以改變的事。

論語的邏輯

再遇見孔子：去他的之乎者也，我是教你活得像樣點！

作者：楊朝明、李文文著
責任編輯：陳浣虹
封面設計：楊岱芸
發行人：黃振庭
出版者：崧博出版事業有限公司
發行者：崧燁文化事業有限公司
E-mail：sonbookservice@gmail.com
部落格：　　　　　　　粉絲頁：

地址：台北市中正區重慶南路一段六十一號八樓815室
8F.-815, No.61, Sec. 1, Chongqing S. Rd., Zhongzheng
Dist., Taipei City 100, Taiwan (R.O.C.)
電話：(02)2370-3310　傳　真：(02) 2370-3210
總經銷：紅螞蟻圖書有限公司
地址：台北市內湖區舊宗路二段121巷19號　　　網址：
電話：02-2795-3656　　傳真：02-2795-4100
印刷：京峯彩色印刷有限公司（京峰數位）
發行日期：2018年1月第1版
ISBN：978-957-56307-8-2
定價：200元